elefante

coordenação editorial
Cauê Seignemartin Ameni
Manuela Beloni
Hugo Albuquerque

conselho editorial
Bianca Oliveira
João Peres
Tadeu Breda

edição & preparação
João Peres

revisão
Laura Massunari
Célia Cassis

projeto gráfico & diagramação
Bianca Oliveira

Alberto Acosta
Ulrich Brand

Pós-extrativismo e decrescimento

—

Saídas do labirinto capitalista

tradução
Tadeu Breda

Marx havia dito que as revoluções são a locomotiva da história mundial. Mas talvez as coisas se apresentem de maneira completamente diferente. É possível que as revoluções sejam, para a Humanidade que viaja nesse trem, o ato de acionar os freios de emergência.

— Walter Benjamin
Gesammelte Schriften,
v. 1, pt. 3, p. 1.232

Prefácio
A difícil tarefa de pensar alternativas ao capitalismo
Maristella Svampa **9**

Para começar... **15**

1 Um velho debate floresce **19**

2 Contextos históricos comuns e divergentes **31**

2.1 América Latina: o neoextrativismo como expressão de uma modalidade de acumulação primário-exportadora **34**

2.2 Europa: crise, austeridade e modo de vida imperial **70**

2.3 Alcances da COP21 **93**

3 Elementos centrais do decrescimento **101**

3.1 Considerações sobre a economia ecológica e a ecologia política **101**

3.2 O decrescimento como opção, movimento e horizonte político em construção **109**

3.3 Ambivalências do decrescimento **122**

3.4 Decrescimento, uma perspectiva para o Sul global? **130**

4 Pós-extrativismo como condição para o Bem Viver 135

4.1 Bem Viver e pós-extrativismo **135**

4.2 Elementos centrais do pós-extrativismo **141**

4.3 Os limites da Iniciativa Yasuní-ITT, uma proposta revolucionária **151**

5 Pós-extrativismo e decrescimento: caminhos para uma aproximação 157

5.1 Diálogos e experiências transnacionais **161**

6 Como sair do labirinto? Perspectivas e perguntas abertas 173

Bibliografia 187

Sobre os autores 218

Prefácio

A difícil tarefa de pensar alternativas ao capitalismo

Decrescimento e pós-extrativismo são dois conceitos contemporâneos de caráter contestatário e multidimensional que compartilham algumas características. Por exemplo, fazem um diagnóstico crítico sobre o capitalismo contemporâneo, que não é analisado apenas como causador de uma crise econômica e cultural, mas também como impulsionador de "uma crise socioecológica de proporções civilizatórias". Tanto o pós-extrativismo como o decrescimento defendem que o planeta possui limites ecológicos e enfatizam a insustentabilidade dos modelos de consumo imperial,[1] amplamente difundidos em todo o mundo. Por isso, são ponto de partida para

1 O termo "modo de vida imperial", que aparecerá diversas vezes neste livro, foi definido por Ulrich Brand e Markus Wissen na obra *Imperiale Lebensweise. Zur Ausbeutung von Mensch und Natur in Zeiten des globalen Kapitalismus* [Modo de vida imperial: a exploração do homem e da natureza em tempos de capitalismo global] (Oekom, 2017), e pode ser entendido, nas palavras dos autores, como "uma ordem geopolítica assimétrica que tem o apoio da força econômica e militar dos países do Norte global", estabelecendo "vínculos desiguais entre as forças de trabalho nas diferentes partes do mundo" a partir das contradições entre capital e trabalho. [N.E.]

pensar novos horizontes de transformação e alternativas baseadas em outra racionalidade ambiental — diferente da economicista, que prega a mercantilização da vida em todos os seus aspectos.

Neste livro, Alberto Acosta e Ulrich Brand, reconhecidos intelectuais críticos, convidam a explorar estes dois conceitos que, apesar das afinidades, possuem origens políticas e geográficas distintas. As noções de decrescimento nasceram na Europa e têm raízes mais acadêmicas, embora recentemente tenham sido retomadas e recriadas por diferentes organizações sociais. O pós-extrativismo é latino-americano e nasceu no calor das lutas contra o extrativismo dos últimos vinte anos — paradoxalmente, durante o chamado ciclo progressista.

Na América Latina, foram as grandes mobilizações antineoliberais do começo do século XXI e, posteriormente, as patologias do extrativismo, visíveis durante o ciclo progressista, que criaram a necessidade de pensar uma nova gramática política. O progressismo instalou novos dilemas ao pensamento emancipatório que florescia sobretudo em países como Bolívia e Equador, onde se concentrou uma grande expectativa de mudança graças à criação de um Estado Plurinacional, à reivindicação de autonomia indígena e ao Bem Viver. Na Europa, as múltiplas dimensões da crise combinaram o questionamento e o fracasso do neoliberalismo — visíveis na exclusão de vastos setores populacionais marginalizados por uma globalização capitalista cada vez mais desigual — com a estabilização de um modo de vida imperial, que acelera o metabolismo social do capital ao exigir cada vez mais matérias-primas e energia. Nos marcos da crise — não apenas política e econômica, mas também cultural — reaparece na Europa a noção de decrescimento, que havia sido lançada nos anos 1970, mas que a partir de 2008 passou a gozar de uma espécie de "segunda vida".

Os autores abordam o decrescimento e o pós-extrativismo sem dogmatismos, por meio de um diálogo aberto e frontal, que não tem medo de esconder as dificuldades nem as limitações a serem enfrentadas por um pensamento de transição. O texto expõe experiências inovadoras na Europa, que abarcam uma multiplicidade de enfoques econômicos alternativos no âmbito comunitário, como as "cidades em transição" (*transitions towns*), e que efetivamente se traduzem em uma aposta real e concreta pelo decrescimento. Na América Latina, igualmente, tanto a guinada ecoterritorial das lutas sociais como as experiências ligadas à economia social e ao conhecimento ancestral dos povos indígenas se esforçam por engrossar o caldo dos princípios do Bem Viver, embora a opção extrativista seja claramente dominante na região.

Também afloram neste livro preocupações sobre as ambivalências e as limitações do conceito de decrescimento em seus questionamentos à lógica de dominação ou, inclusive, na persistência de uma visão antropocêntrica, que não questiona a divisão entre sociedade e natureza. Na mesma linha, se reconhece que na América Latina as atuais propostas que reivindicam o Bem Viver não foram acompanhadas de um decrescimento que pudesse dialogar com as noções de desmaterialização e desmercantilização. Além disso, em sociedades com altos níveis de pobreza, estas noções enfrentam muitas dificuldades para serem compreendidas como uma saída para a crise. "À diferença do debate europeu", escrevem os autores, "na América Latina fala-se muito pouco do consumo ou da conduta individual, embora surjam eventualmente críticas sobre o consumismo das novas classes médias urbanas. Em geral, porém, os modos de vida alternativos se concebem muito mais em nível social e coletivo, globalmente, e menos em escala individual."

Pós-extrativismo e decrescimento: saídas do labirinto capitalista está longe de propor uma crítica linear à modernidade hegemônica ou propiciar novos dogmas. Pelo contrário, nos convida a pensar em meio a uma situação incômoda, conduzindo-nos pelas ambivalências, pelas complexidades e pelos dilemas aparentemente insolúveis da sociedade atual. Nada indica que será fácil abandonar o extrativismo e a sociedade do crescimento e do desperdício sem uma mudança cultural profunda em nossas estruturas mentais e cognitivas — que estão associadas aos padrões consumistas do modo de vida imperial. Estamos longe, sobretudo na América Latina, da descolonização do imaginário do consumo, tão vinculado ao sucesso social e à construção da subjetividade. Tais processos exigem uma transformação inevitável das estruturas de dominação imperialistas, que hoje impõem uma nova geografia da extração e aumentam ainda mais a dívida ecológica histórica do Norte global para com os países periféricos do Sul.

O objetivo deste livro, em suma, é oferecer ferramentas críticas, mas também ajudar a pensar como tais conceitos podem se constituir em ponto de partida para pensar uma saída do labirinto capitalista. Nessa linha, decrescimento e pós-extrativismo são conceitos necessários, mas não suficientes. Para incentivar um diálogo comum, os autores se questionam se não seria o caso de se desfazer destes termos, que carregam "escasso atrativo simbólico", para retomar aqueles que efetivamente representam o que poderíamos denominar, em palavras de M. Bloch, "um princípio de esperança", como o Bem Viver e Bem Comum da Humanidade.

Em uma época de crise das utopias, em que, depois da queda do Muro de Berlim, segundo Fredric Jameson, "é mais fácil imaginar o fim do mundo do que o fim do capitalismo", o objetivo de repensar um horizonte emancipatório, sem ceder a repetições cegas do passado ou a novos dogmatismos, nem cair na armadilha do desencanto e da melancolia paralisante de certas esquerdas, de maneira aberta e relacional, em um diálogo entre o Norte e o Sul, não é um desafio menor. Parafraseando José Carlos Mariátegui, maior pensador marxista das Américas, este livro não nos dá um itinerário, "mas uma bússola para a viagem", pois o que necessitamos atualmente é "pensar com liberdade", e "a primeira condição é abandonar a preocupação da liberdade absoluta. O pensamento tem a necessidade estrita de rumo e objeto. Pensar bem é, em grande parte, uma questão de direção ou de órbita".[2]

Maristella Svampa[3]
Buenos Aires, janeiro de 2017

---

2   MARIÁTEGUI, José Carlos. *Defesa do marxismo: polêmica revolucionária e outros escritos*. São Paulo: Boitempo, 2011.

3   Nascida em 1961, Maristella Svampa é socióloga e professora da Universidad Nacional de la Plata, na Argentina. É autora de *Maldesarrollo: la Argentina del extractivismo y el despojo* (Katz, 2014), *Debates latinoamericanos: indianismo, desarrollo, dependencia y populismo* (Edhasa, 2016) e *Del cambio de época al fin de ciclo: gobiernos progresistas, extractivismo y movimientos sociales en América Latina* (Edhasa, 2017).

Para começar...

Existem hoje em dia muitas críticas às tendências econômicas, culturais, sociais e políticas dominantes, além de interessantes propostas alternativas ao capitalismo realmente existente. Faremos referência a duas delas: o debate europeu sobre o *decrescimento* e a discussão latino-americana sobre o *pós-extrativismo*.

São perspectivas semelhantes, mas que ainda não se sintonizaram. O objetivo deste livro é demonstrar a pertinência de um debate conjunto entre elas, com vistas a uma melhor compreensão do mundo contemporâneo e à proposição de alternativas comuns entre o Norte e o Sul globais. Mas isso só será possível se o pós--extrativismo e o decrescimento forem abordados de uma maneira que permita explorar e analisar mudanças sociais reais, e transformar as circunstâncias políticas, socioeconômicas e culturais internacionais.

Este ensaio aborda os diferentes contextos históricos e contemporâneos das regiões de onde provêm as propostas de decrescimento e pós-extrativismo, para logo apresentar, de maneira sucinta, seus elementos centrais. Um ponto comum é que ambas as noções tratam fundamentalmente de encontrar novas compreensões sobre o que seria uma vida digna para todos os seres humanos e não humanos, e novas práticas para alcançá-las, para além das noções de crescimento econômico — ou seja, do crescimento capitalista acionado pela competição geoeconômica.

Estabelecemos aqui um diálogo entre estas perspectivas, identificando virtudes e debilidades, incentivando novos debates e novas definições, e sinalizando temas que permanecem em aberto. Com este esforço, pretendemos ampliar a discussão e a criação de alternativas diante dos paradigmas econômicos e políticos dominantes, em particular os neoliberais e os neoextrativistas.

Este livro originou-se dos debates suscitados pela Conferência sobre o Decrescimento celebrada em Leipzig, na Alemanha, em 2014. Mas o texto parte de estudos anteriores dos próprios autores — além, é claro, do trabalho preliminar de outras pessoas. Ulrich Brand reconhece as contribuições de Kristina Dietz, Miriam Lang e Markus Wissen, assim como as discussões realizadas pelo grupo de pesquisa "Sociedades e pós-crescimento", da Universidade de Jena, financiado pela Associação Alemã para a Pesquisa (DFG). Por isso, agradece a Klaus Dörre, Dennis Eversberg, Michael Hofmann, Steffen Liebig, Christine Schickert e Johanna Sittel, do grupo de trabalho em Jena, pelos comentários que fizeram a versões anteriores deste texto.

Os autores registram ainda o valioso debate travado no Grupo de Trabalho Permanente sobre Alternativas ao Desenvolvimento da Fundação Rosa Luxemburgo, criado em 2011, e do qual participam estudiosos de muitas regiões do planeta. O texto nutre-se ainda de reflexões realizadas em muitos outros espaços e, indiretamente, nas redes sociais. Os autores reconhecem também as precisas colaborações do economista Jürgen Schuldt, as contribuições e críticas dos economistas David Barkin e John Cajas-Guijarro, assim como as questões levantadas pelo sociólogo José María Tortosa, às quais agradecemos.

Alberto Acosta
Ulrich Brand

1 Um velho debate floresce

O capitalismo, em suas crises recorrentes, afeta uma parcela cada vez maior da população, uma vez que não consegue assegurar uma "vida boa e atrativa" para a grande maioria dos seres humanos. As classes subalternas não se sentem à vontade com a estrutura social imposta pelas elites dominantes, e isso tem feito com que o caráter hegemônico do capitalismo se desgaste e se torne ainda mais autoritário. É o que está ocorrendo em boa parte da Europa e da América Latina.

São diversos os cenários da crise. Com a recessão iniciada em 2008, as políticas de austeridade passaram a predominar no "velho continente", impondo-se inclusive em países que tentaram abandonar a cartilha da austeridade, como a Grécia. A ultradireita e seu discurso xenófobo se fortalecem na maioria das nações europeias, em uma tendência que se mantém e, pior, se aprofunda, como demonstra o triunfo de Donald Trump nos Estados Unidos. Diante da direitização da política internacional, é cada vez mais urgente construir alternativas radicais, cuja viabilidade deverá cristalizar-se pela luta política.

Nos primeiros anos do século XXI, regimes "progressistas"[4] se instauraram em vários países

---

4   O termo "progressista" tem sido usado para se referir a governos latino-americanos que ascenderam ao poder a partir da eleição de Hugo Chávez como presidente

latino-americanos como alternativa ao neoliberalismo — que não deixou de existir de maneira explícita nos países governados por grupos mais conservadores, como México e Colômbia. O "progressismo", porém, acabou se transformando em uma espécie de neoliberalismo transgênico, uma vez que instrumentalizou e aplicou políticas próprias do neoliberalismo mais descarado. O fortalecimento do Estado promovido pelos governos "progressistas" latino-americanos também serviu a este fim. Basta observar como, nestes países, os poderes públicos impuseram e continuam impondo a ampliação e o aprofundamento do extrativismo — que, sob o signo do "progressismo", chegou a níveis de intensidade que os governos neoliberais anteriores não foram capazes de alcançar.

O enfraquecimento da hegemonia capitalista durante os períodos de crise costuma alimentar a discussão de alternativas. Assim, a partir de 2008 se intensificaram na Europa

da Venezuela, em 1998. O triunfo do líder bolivariano foi seguido pelas vitórias de Luiz Inácio Lula da Silva no Brasil, em 2002, Néstor Kirchner na Argentina, em 2003, Tabaré Vázquez no Uruguai, em 2005, Evo Morales na Bolívia, em 2005, Rafael Correa no Equador, em 2006, e Fernando Lugo no Paraguai, em 2008. De acordo com algumas classificações, o primeiro mandato da presidenta chilena Michelle Bachelet (2006–2010) e as eleições de Manuel Zelaya em Honduras, em 2005, Daniel Ortega na Nicarágua, em 2006, Mauricio Funes em El Salvador, em 2009, e Ollanta Humala no Peru, em 2011, também poderiam ser entendidos como parte da "onda progressista". A expressão difundiu-se para marcar diferenças políticas, econômicas e diplomáticas em relação aos demais governos da região, notadamente México e Colômbia, com viés mais abertamente neoliberal e mais alinhados aos interesses dos Estados Unidos na América Latina. A vitória de Mauricio Macri na Argentina, em 2015, e o *impeachment* de Dilma Rousseff no Brasil, em 2016 — para não mencionar manobras parlamentares que já haviam destituído Zelaya, em 2009, e Lugo, em 2012 —, têm sido consideradas os marcos mais importantes do "fim do ciclo progressista" na região. [N.E.]

os debates sobre alternativas ao capitalismo — sobretudo em sua versão neoliberal. Na América Latina, ao menos nos países "progressistas", esta discussão, que parecia quase superada após o desgaste do neoliberalismo nos anos 1990 e 2000, está recuperando forças diante do esgotamento do ciclo "progressista" e da renovada investida conservadora — alimentada pelos próprios governos "progressistas".

Para as classes dominantes, as propostas do neoliberalismo continuam funcionando. Para as classes subalternas, porém, os problemas sociais, econômicos, ambientais e políticos se agravam. E é assim em todos os continentes, o que nos dá motivos mais que suficientes para continuar buscando saídas que questionem a fase neoliberal do capitalismo e o próprio capitalismo.

O decrescimento e o pós-extrativismo são as duas alternativas mais promissoras ao nosso alcance. O decrescimento (*degrowth*, em inglês; *décroissance*, em francês; *decrescita*, em italiano), também denominado pós-crescimento, se dá em países industrializados, sobretudo na Europa. O pós-extrativismo ocorre na América Latina e também em outras regiões do indevidamente chamado "mundo subdesenvolvido", e está intimamente ligado às noções de pós-desenvolvimento.

Até agora são escassas as inter-relações e insuficientes os intercâmbios de experiências e estratégias entre estas duas perspectivas — o que é surpreendente, uma vez que estão estreitamente vinculadas. O sangue que corre pelas veias dos modos de produção e de vida imperiais do Norte global provêm das lógicas extrativistas aplicadas no Sul global há centenas de anos. Os modos de produção e de vida imperiais, porém, também estão presentes entre as elites do Sul, criando implicações socioestruturais muito complexas nas sociedades do mundo empobrecido.

A conservação destes modos de produção e de vida é um obstáculo fundamental para qualquer transformação.

Comecemos, então, anotando que o capitalismo global vive atualmente uma crise múltipla (Demirović, Dück, Becker & Bader, 2011) — além de assimétrica, como todas as crises que já viveu. Na realidade, esta crise generalizada, multifacetada e inter-relacionada, além de sistêmica, se estende há algum tempo por todos os continentes. Nunca antes afloraram tão simultaneamente tantas visões críticas, que não se esgotam no debate econômico ou financeiro. Suas manifestações, influenciadas por uma espécie de "vírus mutante" (Saphir, 2004), aparecem nos campos político, ético, social, ambiental, energético, alimentar e, claro, cultural. Também vivemos uma crise ideológica. Joseph Stiglitz, vencedor do prêmio Nobel de Economia em 2001, já a analisou oportunamente nas vésperas da crise de 2008, quando afirmou: "A verdade é que a maioria dos erros individuais se reduzem a apenas um: a crença de que os mercados se regulam sozinhos, e que o papel do governo deveria ser mínimo". Tudo isso é uma clara demonstração da profunda e prolongada crise do capitalismo enquanto civilização dominante.

Vários indícios mostram que, de acordo com a terminologia da teoria da regulação, a crise atual não é conjuntural ou "pequena", ou seja, não pode ser administrada pelas instituições e constelações de poder[5] existentes; pelo contrá-

---

5   "As constelações de poder são conjuntos de relações entre pessoas e entre grupos sociais. Mais que mecanismos, são como rios que, conforme a estação do ano ou a intensidade da corrente, podem ser perigosos ou tranquilos, navegáveis ou não, rápidos ou lentos, às vezes transbordam, às vezes secam, às vezes até mesmo mudam de curso. São, por isso, irreversíveis, já que nunca podem regressar a suas fontes. Em suma, são como nós: não vagam sem rumo nem são totalmente previsíveis." SANTOS, Boaventura de Sousa. *Crítica de la razón indolente: contra el desperdicio de la experiencia*. Bilbao: Desclée, 2003, p. 306. [N.E.]

rio, trata-se de uma crise "grande", que requer uma ampla reestruturação.

Mas, afinal, quão profunda é esta crise? Nos encontraríamos em uma fase de transformação ou, como dizia Antonio Gramsci (2007, p. 184), em um "interregno", ou seja, em um período em que "o velho morre e o novo não pode nascer"?[6] Estaríamos em meio a uma nova crise de superprodução e de bolhas financeiras devido à falta de oportunidades de investir e valorizar o capital? Em uma crise final do neoliberalismo, do pós--fordismo, em uma crise existencial do capitalismo?

Estas perguntas são objeto de controversos debates. Como se trata de uma crise demasiadamente complexa, porém, complexas também serão suas possíveis soluções. Ainda não está claro até que ponto a crise econômica poderá se traduzir em uma crise política que coloque em dúvida a existência do próprio Estado. O que se observa é uma intensa discussão sobre as formas predominantes de gestão conjuntural da crise e sobre seu alcance no curto prazo, com algumas reflexões a respeito de sua dimensão internacional. Qual seria o papel da China e de outros países recentemente industrializados, por exemplo? Neste contexto, é preciso entender que a aceleração dos atuais padrões econômicos, políticos e culturais — estratégia que até agora tem sido escolhida para combater a crise — é uma das causas do agravamento da crise (Rosa, 2016).

Como acreditamos estar diante de uma crise civilizatória, apenas conseguiremos superá-la com uma "grande transformação" — como propôs, em 1944, o filósofo húngaro Karl Polanyi (2004) ao analisar o surgimento

---

6   "A crise consiste justamente no fato de que o velho morre e o novo não pode nascer: neste interregno, verificam-se os fenômenos patológicos mais variados." [N.E.]

do capitalismo industrial. Hoje em dia, as referências ao paradigma de Polanyi assumem um sentido político-estratégico. Esta grande transformação deverá ser multifacetada, abrangendo os âmbitos econômico, político, social, ecológico e cultural. Trata-se de vincular as alternativas existentes no Norte e no Sul globais, e definir onde começam as transformações, o quanto vai se intervir nas atuais estruturas sociais e institucionais, e quem poderá ou deverá fazê-lo — embora exista a possibilidade de que o que aconteça não conte imediatamente com um ator consciente. "O que fazer" e "como fazer" também são questões-chave.

Tais esforços requerem estratégias que viabilizem transformações indispensáveis. Apesar disso, e mesmo com toda a urgência de que precisamos, é necessário reconhecer que nem as sociedades nem o mundo mudarão da noite para o dia. Além disso, as transformações radicais não acontecerão todas simultaneamente entre as diferentes regiões, temporalidades e âmbitos, como o Estado e a economia, ou, ainda mais especificamente, a alimentação, a moradia, a comunicação, a mobilidade, a moda etc.

Assim, a solução dos problemas imediatos — derivados da crise múltipla — é urgente e, ao mesmo tempo, complexa. Não basta fazer remendos ou reativar a economia aumentando a demanda e os investimentos públicos, como se fez outras vezes, em outras crises. As respostas de curto prazo devem ser necessariamente pensadas e aplicadas considerando-se os desafios estruturais e as metas de médio e longo prazo. Não é mais possível retomar a trilha perdida e acreditar que ela nos levará ao restabelecimento da ordem anterior.

A conjuntura exige, portanto, bases estruturais sólidas para enfrentar os diversos desafios inter-relacionados que ameaçam a Humanidade — de maneiras muito desiguais para cada classe, gênero e região — e a própria Terra. Tentar recuperar o aparato produtivo injetando vultosas somas de dinheiro em grandes empresas, por exemplo, e esperar que isso conduza a uma retomada do crescimento econômico perdido graças aos desajustes financeiros, sem transformar os padrões de produção e consumo nem as tecnologias utilizadas até agora, agravaria outros problemas cada vez mais significativos, como os ambientais, os energéticos, os alimentares e, inclusive, os sociais e os econômicos, além de aprofundar ainda mais as desigualdades.

Não podemos, pois, ficar atentos apenas à conjuntura. É cada vez mais urgente afrontar as estruturas, o que exige uma visão — e períodos de maturação — de longo prazo. Não é uma tarefa para alguns poucos governantes ou para um grupinho de mentes iluminadas. Os espaços de discussão destes problemas devem se multiplicar no mundo inteiro, e precisam ser heterogêneos, para que assim possam promover debates mais amplos sobre alternativas que já se mostraram eficazes, sem deixar de buscar novas soluções. Temos que transformar profundamente as bases do sistema, e superá-lo, aproveitando também — e não apenas — suas dificuldades conjunturais e as debilidades relativas dos centros de poder mundiais, sobretudo daqueles encastelados na cúpula da financeirização global, que é o cerne da crise atual e da putrefação do capitalismo.

Essa mudança não virá se ficarmos esperando uma ação dos países "desenvolvidos" em parceria com as economias emergentes, como aquelas que fazem parte dos BRICS (Brasil, Rússia, Índia, China e África do Sul), ou com apoio dos organismos político-econômicos multilaterais, como o Banco Mundial, o Fundo Monetário Internacional (FMI) e a Organização Mundial-do Comércio (OMC).

Para impulsionar e ativar essas reflexões, temos que combater a ideia de que cedo ou tarde as coisas retornarão a seus devidos lugares, à "normalidade", a uma espécie de *status quo* do capital. Já se disse muitas vezes, em diferentes épocas, que o capitalismo estava prestes a ruir. E pode ser que o sistema sobreviva a mais esta crise. Neste caso, porém, será indiscutivelmente levado a níveis ainda maiores de autoritarismo e fascismo.

Como já dissemos, acreditamos estar diante de uma crise civilizatória — o que supõe dizer que o sistema está começando a transitar por um caminho sem volta. Isso não significa necessariamente que outra forma de barbárie não esteja se avizinhando. Para evitá-la, portanto, precisamos de soluções estruturais, até mesmo para impedir os enormes colapsos políticos, sociais e ambientais que já começam a ser sentidos nas regiões mais vulneráveis do planeta.

Mesmo na hipótese de que os piores aspectos da atual crise financeira sejam superados em pouco tempo — o que não vai acontecer —, temos que pensar em outro mundo, pois apenas "imaginando outros mundos" é que "acabamos por mudar também este nosso" (Eco, 2001).

Em uma interação normativo-estratégica, parte do debate sobre a mudança implica compreender como podemos enfrentar esta crise global multifacetada a partir de uma perspectiva de transformação socioecológica, pois as sociedades capitalistas atuais são incapazes de administrar adequadamente a presente crise — em especial, a ecológica. Isso se confirma cada vez mais.

No entanto, recordemos que, devido a suas dinâmicas imanentes — competição, lógica expansionista, concentração e centralização de capital, externalização, exploração, migrações massivas etc. —, as contradições, os conflitos e as crises sociais são inerentes às sociedades capitalistas, que se modificam e se reacomodam permanentemente segundo as demandas de acumulação do capital.

Estas contradições podem fomentar estratégias progressistas. A chave é compreender as mudanças pelas quais passa o capitalismo e oferecer propostas alternativas adequadas ao momento. Insistimos, porém, que não se pode perder de vista a estrutura.

> A pergunta não é tanto se haverá mudanças fundamentais, mas se estas mudanças se implementarão de maneira planificada ou se assumirão a forma de uma crise de choque, se serão impostas de maneira autoritária ou por meio de um consenso social, se se guiarão pelos interesses de certas elites ou pelos das massas sociais. (Zelik & Tauss, 2013)

Sem dúvida, esta perspectiva acarreta amplas consequências para o debate sobre as alternativas ao capitalismo. E a resposta ainda é desconhecida. Está apenas no terreno da imaginação.

Por outra parte, podemos afirmar com certeza que as "quixotadas" (Marx, 2011) não levam a nada.[7] O idealismo analítico e o voluntarismo político costumam terminar em becos sem saída. As mudanças exigem condições materiais. No entanto, não é fácil saber se e quando elas estão disponíveis. Imaginá-las não é suficiente. Mas é verdade que, se os atores sociais definem uma situação como real, ela assim o será em suas consequências — embora não o seja em suas origens — enquanto alentem processos que terminam transformando o que existia anteriormente.

Olhando a situação por este prisma, toda mudança alinhada com o decrescimento e com o pós-extrativismo deve partir de situações e experiências existentes, sobre as quais será necessário trabalhar com vistas à transformação, sem deixar de vislumbrar esse outro mundo que se quer construir.

Neste sentido, parece adequado entender o decrescimento também como pós-crescimento, ideia que

---

7 "Por outro lado, se não encontrássemos veladas na sociedade, tal como ela é, as condições materiais de produção e as correspondentes relações de intercâmbio para uma sociedade sem classes, todas as tentativas para explodi-la seriam quixotadas." [N.E.]

propõe uma discussão sobre as estruturas produtivas e se enfrenta às experiências do fordismo — não afetadas, no fundo, pelo pós-fordismo —, que para muitas pessoas foram positivas: produção e consumo de massas, rendimentos crescentes, consumismo, planificação, Estado de bem-estar social. Estas experiências configuraram um imaginário coletivo que constitui a base sólida do *status quo*, com um alcance muito arraigado. Portanto, as alternativas deverão desafiar esta situação e propor opções transformadoras que possam se emancipar de tais ataduras culturais.

Por sua parte, o conceito de pós-extrativismo — não simplesmente antiextrativismo — nos remete a situações concretas. Vive-se uma constelação de poder ambivalente na América Latina. Houve avanços na luta contra a fome e a pobreza em todos os países da região, seja com governos neoliberais ou progressistas. No caso destes, isso foi possível graças ao retrocesso do neoliberalismo e ao fortalecimento do Estado. Em ambos os tipos de governo, porém, as conquistas sociais se explicam, em grande medida, pelos elevados preços das matérias-primas, cuja exportação possibilitou altos rendimentos — fenômeno também conhecido como "consenso das *commodities*" (Svampa, 2015). Se o fordismo contribuiu para estabelecer as bases culturais do que se poderia definir como um modo de vida imperial, o extrativismo, com raízes centenárias na América Latina, se inseriu no imaginário popular de tal maneira que poderíamos dizer — figurativamente — que as sociedades latino-americanas, sobretudo as elites, carregam nos genes uma espécie de DNA extrativista.

De todas as formas, os avanços sociais registrados durante o *boom* das *commodities*, ao não afetarem as estruturas herdadas do neoextrativismo de origem colonial (Machado Aráoz, 2014) e do próprio capitalismo, resultam insuficientes e insustentáveis. O que ocorreu em países com governos progressistas, como Venezuela, Equador, Brasil e Bolívia, é prova disso: sob Chávez,

Correa, Lula ou Evo, o extrativismo não apenas se fortaleceu, como se ampliou. Como se não bastasse, retornou-se ao neoliberalismo, aproveitando — como notamos anteriormente — o fortalecimento do Estado (Acosta & Guijarro, 2016).

Em um primeiro momento, neste livro, descreveremos brevemente os contextos históricos nos quais se intensificaram os conceitos e os debates sobre decrescimento e pós-extrativismo. Depois, analisaremos os pontos-chave das duas noções. Para concluir, identificaremos suas possíveis virtudes e fragilidades. Tais limitações se relacionam com experiências históricas reais, contextos de debate, valorização de críticas necessárias e exitosas, enfoques políticos e momentos contingentes, e não tanto com imprecisões analíticas ou de definição.

Tal como assinalamos no início, um ponto comum entre decrescimento e pós-extrativismo é que ambos tratam fundamentalmente de encontrar novas compreensões e novas práticas para a obtenção de uma vida digna para todos os seres — humanos e não humanos. Portanto, é determinante descrevê-las.

As relações que estabeleceremos não são uma comparação respaldada metodologicamente. Por isso, tampouco se define algum critério de comparação. A intenção é "criar ressonância" entre os dois pontos de vista e "estabelecer um diálogo amistoso" (Rosa, 2016). Posteriormente, se deverá especificar e potencializar os impulsos mútuos que possam surgir. O trabalho se apoia no estudo da literatura especializada, mas, como é evidente em uma apresentação tão ampla, os detalhes sempre serão abordados de maneira insuficiente.

2 Contextos históricos comuns e divergentes

Decrescimento e pós-extrativismo são perspectivas para transformar a sociedade e suas relações com a Natureza. Tratam de visibilizar críticas, resistências e alternativas, colocá-las em um contexto amplo, condensá-las — sem homogeneizá-las — e, de acordo com as necessidades, oferecer orientações para refletir, especificar e expandir as novas ideias que surgirão das discussões. A partir deste exercício, podem formar e consolidar uma concertação contra-hegemônica.

Um dos pressupostos para a ação, porém, é enxergar muito bem as atuais situações sociais que se pretende transformar. Isso não significa que as análises conjunturais devam ser extremamente detalhadas. Recordemos que muitas resistências e propostas alternativas não trazem consigo uma ideia integral dos contextos que atacam ou criticam — mas, ainda assim, causam impacto. Contudo, uma compreensão integral será sempre útil, especialmente quando os atores se vejam bloqueados ou obstaculizados em suas tentativas de ação contra-hegemônica.

Na América Latina, o auge do passado recente das constelações de poder "neoextrativistas", bem como sua crise atual, produz desafios renovados. Na Europa, se as respostas à crise — que diferem no espaço e no tempo — forem mantidas, ou se surgirem respostas alternativas mais ou menos estáveis, tudo pode desembocar em novos paradigmas interpretativos e novos cenários políticos, ainda mais em um ambiente onde o "terrorismo" e os "estados de sítio" criam situações cada vez mais complexas.[8]

A dinâmica capitalista transforma permanentemente os aspectos da sociedade e da Natureza em mercadorias comerciáveis, para constituir, assim, poder e dominação (Dörre, 2015; Luxemburgo, 1951). Além da Natureza, esta dinâmica também afeta as pessoas, obrigando-as a vender sua força de trabalho. Na China e na Índia, o fenômeno é celebrado como milagre econômico, sem se questionar o conteúdo social e o enorme peso que significa para o povo, que o sente como um "poder que lhe é estranho e que a ele é contraposto" (Marx & Engels, 2007, p. 37). Infelizmente, a coisificação da força de trabalho e da Natureza não tem sido abordada de maneira sistemática no debate sobre o decrescimento. O sociólogo alemão Klaus Dörre (2015) assinala que, a menos que se liberte do capitalismo, mesmo uma economia em estado estacionário

---

[8] A mudança de governo na Grécia, em janeiro de 2015, e o referendo realizado alguns meses depois, em julho, promoveram um enorme debate sobre a política da crise europeia, que se intensificou a partir de junho de 2016 com o Brexit na Grã-Bretanha. Apesar disso, o ajuste neoliberal continua se impondo. [Em 5 de julho de 2015, o primeiro-ministro grego, Alexis Tsipras, realizou um referendo para que a população decidisse se o governo deveria aplicar ou não os pacotes de austeridade recomendados pela *troika* — grupo formado por Banco Central Europeu, Comissão Europeia e FMI, com grande influência da Alemanha. Os gregos votaram "não". Pressionado pela União Europeia e pelos organismos internacionais, porém, Tsipras desrespeitou o resultado da consulta popular que havia convocado, provocando a saída de vários membros de seu governo, entre eles o ministro da Economia, Yanis Varoufakis. O Brexit — corruptela das palavras inglesas *Britain* e *exit*, ou seja, "saída da Grã-Bretanha" — é o termo pelo qual ficou conhecida a decisão do país de abandonar a União Europeia. A determinação respeita o resultado de um referendo popular realizado em 23 de junho de 2016. [N.T.]

(*steady-state economy*) pode preservar a coisificação e a mercantilização.

O capitalismo está cego diante das condições e das consequências de sua própria dinâmica econômica. Aqui é conveniente mencionar o debate feminista (Picchio, 2015), que assinala que a economia capitalista aprofunda a separação dos processos de mercado formais de muitos elementos que os possibilitam sem ser mercadorias, como o trabalho não remunerado — sobretudo o trabalho de cuidado. Assim, a externalização é um "princípio" (Biesecker, Wichterich & Winterfeld, 2012) que contribui de maneira decisiva com o funcionamento do capitalismo:

> [A] desvalorização do [trabalho social não remunerado realizado por mulheres e os serviços ambientais da natureza] é a condição prévia para sua usurpação barata e, inclusive, gratuita. Portanto, a globalização do capitalismo implica também a globalização deste princípio, e se expressa em novos processos de usurpação atuais relacionados com novos limites. (Biesecker, Wichterich & Winterfeld, 2012)

Neste caso, por exemplo, pode-se mencionar o que acontece com cada vez mais frequência no mundo empresarial, em escala nacional e internacional, com a subcontratação, a externalização ou a terceirização. O crescimento econômico está muito vinculado a um conceito ocidental, racionalista, masculino em essência, que, em primeiro lugar e como parte das constelações de dominação patriarcais, se orienta à dominação da natureza (Winterfeld, 2006).[9]

---

9 Para uma perspectiva feminista da economia política no Norte global, ver Gibson-Graham (2006).

2.1 América Latina: o neoextrativismo como expressão de uma modalidade de acumulação primário-exportadora

Primeiro, temos que assinalar que a América Latina transformou a constelação econômica da crise para viver uma bonança econômica poucas vezes registrada na história, e que a socióloga argentina Maristella Svampa (2015) denominou "consenso das *commodities*". A crise socioeconômica que atingiu os países da região na virada do século XXI culminou com um crescimento continuado dos preços das matérias-primas no mercado internacional, principalmente graças à China (Moreno, 2015). Assim, até 2014, não se voltou a falar em recessão na América Latina, ao contrário do que vinha ocorrendo na Europa, onde há algum tempo já se observava uma consciência e um discurso generalizados de crise.

Os motivos são evidentes: houve mudanças dramáticas nos mercados mundiais. Em muitos países latino-americanos, o forte crescimento da demanda internacional por recursos naturais e, como consequência, dos preços dos combustíveis fósseis, dos minérios e dos produtos agrícolas — em alguns casos, inclusive, com situações de escassez real ou provocada — aumentaram notavelmente o rendimento das exportações e os investimentos estrangeiros, proporcionando uma margem mais ampla de ação política.

O aumento da renda beneficiou governos e empresas públicas e privadas em toda a região. Em alguns países, onde as lutas populares antineoliberais levaram à eleição de presidentes "progressistas", aproveitou-se essa margem mais ampla de ação política para melhorar a distribuição de renda e reduzir a pobreza — situação que também foi observada em países da região governados por políticos conservadores. A legitimidade de todos os governos latino-americanos, ainda mais dos "progressistas", esteve estreitamente relacionada com as políticas redistributivas que ampliaram o consumo de muitos segmentos da população. A enorme disponibilidade de recursos financeiros — exportações e crédito mais barato — contribuiu para uma prolongada estabilidade econômica, social e política, facilitada pelo abandono do receituário neoliberal de estabilização e de "ajuste estrutural" dos anos 1980 e 1990, que tanto prejudicaram a população latino-americana.

Como resultado do aumento dos rendimentos provenientes das exportações de produtos primários, houve enormes incentivos para a ampliação do extrativismo na América Latina. Os elevados preços das matérias-primas desataram investimentos massivos, sobretudo de empresas transnacionais, em diversas atividades extrativistas, especialmente nas relacionadas com a exploração mineral e petrolífera.

É verdade que, estruturalmente, as margens de ação dos governos "progressistas" eram estreitas. Recorde-se, como pesado ponto de partida, a dependência das exportações ao mercado mundial capitalista, a limitada industrialização ou a debilidade da agricultura para alimentar suas próprias populações — ou seja, a vigência de uma modalidade de acumulação primário-exportadora de origem colonial, com restrita orientação para satisfazer as demandas domésticas, tanto de consumo como de insumos e bens de capital. No entanto, muitos analistas concordam que as margens de ação de uma política econômica e social progressista, independente e autônoma, orientada a enfrentar o extrativismo, são mais amplas do que se pensa, e poderiam ter sido melhor aproveitadas.

Nos anos da bonança, porém, mediante o extrativismo exacerbado, se aprofundou a dependência externa, inclusive com a orientação dos mercados latino-americanos à China.

Para entender esta peculiaridade, vamos recorrer a uma definição compreensível. O extrativismo se refere a atividades que removem, na maioria das vezes de forma intensiva, grandes volumes de recursos naturais, e a cultivos agroindustriais que se utilizam de muitos insumos, com o objetivo de exportar segundo a demanda dos países centrais, sem processamento — ou com processamento limitado — dos produtos. Normalmente, requerem grandes investimentos e provocam efeitos macroeconômicos relevantes, assim como graves impactos sociais, ambientais e culturais nos territórios afetados (Gudynas, 2011).[10] O extrativismo não se limita a recursos minerais ou ao petróleo. Existe também o extrativismo agrário, florestal, pesqueiro e até mesmo turístico (Machado, 2015).[11] Por isso, de acordo com Eduardo Gudynas (2016a), é melhor falar em "extrativismos".

O conceito de "extrativismo", ao lado de conceitos como o da "acumulação primitiva", de Karl Marx, permite explicar o saque, a concentração e a devastação colonial e neocolonial, assim como a origem do capitalismo moderno. Por outra parte, o "extrativismo", somado a conceitos como a "concentração de terras" (*landnahme*),[12] "acumu-

---

10 Há quem sustente, com bons argumentos, que o extrativismo se articula com a alta tecnologia em diversos âmbitos, como é o caso da agricultura e da megamineração — setor com mais capital e tecnologia intensiva.

11 Sobre o papel da América Latina nos fluxos globais de recursos, ver Schaffartzik *et al.* (2014).

12 Para o uso deste conceito, de acordo com as ideias de Rosa Luxemburgo com relação às formas dominantes de administração da crise ecológica, ver Biesecker & Von Winterfeld (2010), Mahnkopf (2013), Salleh (2013) e Dörre (2015).

lação por espoliação"[13] ou *extrahección*,[14] ajuda a entender a evolução atual do capitalismo moderno e, inclusive, do "desenvolvimento" e do "subdesenvolvimento" como duas faces do mesmo processo de expansão do sistema capitalista mundial.

Embora o extrativismo tenha se iniciado há mais de quinhentos anos, nem ele, nem a conquista e nem a colonização — atadas ao extrativismo — deixaram de existir com o fim da dominação europeia na América Latina. Estes processos continuam presentes em toda a região, seja em países com governos neoliberais, seja

[13] No Brasil, também se refere a este conceito cunhado pelo geógrafo britânico David Harvey como "acumulação por despossessão". [N.E.]

[14] O conceito de *extrahección* é um neologismo em espanhol cunhado pelo sociólogo uruguaio Eduardo Gudynas, que em 2013 o definiu da seguinte maneira: *"Extrahección* é um novo termo para descrever a apropriação de recursos naturais a partir da imposição do poder e violando os direitos de seres humanos e da natureza. A palavra é nova, mas o conceito é muito conhecido. Descreve situações que, pouco a pouco, estão se tornando mais comuns, como grandes empreendimentos petrolíferos ou de mineração, implementados em um contexto de violência, sem ouvir os cidadãos, removendo comunidades camponesas ou indígenas, ou contaminando o ambiente. *Extrahección* é um vocábulo que provém do latim *extrahere*, que significa tomar algo de alguém. É, portanto, um termo adequado para descrever situações em que se arrancam os recursos naturais de comunidades locais ou da natureza. Nessas circunstâncias, vários direitos são violados, e é precisamente este aspecto que se evidencia com o termo *extrahección"*. Para mais detalhes, ver GUDYNAS, Eduardo. "Extrahección: violación de derechos en la apropiación de la naturaleza", em *Alainet*, 21 fev. 2013. Disponível em <https://www.alainet.org/es/active/61783>. [N.E.]

nos "progressistas":[15] basta observar como estes expandiram aceleradamente os extrativismos nos últimos anos.

Com a conquista e colonização da América, da África e da Ásia, começou a se estruturar a economia-mundo, e o sistema capitalista passou a consolidar a acumulação primário-exportadora como um de seus elementos fundacionais, determinado, desde então, pela demanda dos nascentes centros capitalistas. A partir de vantagens comparativas estáticas, algumas regiões se especializaram em extrair e produzir principalmente matérias-primas, enquanto outras — sobre a base de custos comparativos dinâmicos e economias de escala crescentes — passaram a produzir manufaturas e concentraram, desde então, capital e poder, assim como conhecimento científico e tecnológico, inclusive utilizando-se dos recursos naturais de países que acabaram empobrecidos devido justamente à maneira como foram inseridos no mercado mundial.

Em resumo, os países "desenvolvidos", em sua maioria, são importadores de Natureza, e os "subdesenvolvidos", exportadores de Natureza, tal como já foi demonstrado em vários textos que se nutrem das reflexões sobre "metabolismo social" (Vallejo, Alier & Samaniego, 2015; Schaffartzik *et al.*, 2014; Alier & Walter, 2015). Como resultado, continua-se observando nos países "subdesenvolvidos" uma vigência permanente de modalidades de acumulação primário-exportadora e de extrativismo, que nessas regiões se manifestam com muita força.

Apesar do discurso emancipatório articulado pelos governos "progressistas" da América Latina, a região continua sendo estratégica para o capitalismo global

---

15 Não se pode confundir "esquerda" com "progressismo". Sobre este tema, ver GUDYNAS, Eduardo. "Izquierda y progresismo: la gran divergencia", em *Alainet*, 23 dez. 2013. Disponível em <https://www.alainet.org/es/active/70074>.

ao cumprir o papel histórico que lhe foi designado há séculos pela assimétrica divisão internacional do trabalho — que, para usar o célebre *slogan* da chamada teoria da dependência (Frank, 1966), desembocou no "desenvolvimento do subdesenvolvimento". Basta constatar como cresceu o potencial da região enquanto fornecedora de recursos naturais aos países centrais e às economias "emergentes", como China e Índia. Isso incidiu também sobre suas infraestruturas, uma vez que se realizaram importantes investimentos para reduzir o custo e o tempo da extração e do transporte de matérias-primas, acelerando assim a circulação do capital. Um exemplo são as grandes usinas hidrelétricas, cuja energia está destinada, em sua maioria, a atender a demanda de projetos extrativistas, sobretudo minerais e petrolíferos, ou os projetos incluídos na Iniciativa para a Integração da Infraestrutura Regional Sul-Americana (IIRSA), cujo objetivo é integrar de maneira subordinada a América Latina ao mercado mundial (Ceceña, Aguilar & Motto, 2007), e que foi impulsionada pelos governos "progressistas".

2.1.1 As principais patologias do extrativismo

Para elaborar propostas pós-extrativistas, temos que identificar os problemas e a capacidade de que dispomos para enfrentá-los. Conheçamos, pois, as patologias próprias das economias em que governos e elites dominantes apostam no extrativismo — aspecto que se enriquece com a leitura dos "derramamentos" próprios dos extrativismos, como analisado por Eduardo Gudynas (2016a).

Respaldados pelas reflexões de Jürgen Schuldt (2005), mencionamos abaixo pontos críticos deste esquema de acumulação retroalimentado por círculos viciosos cada vez mais perniciosos:

- É normal que estas economias padeçam de várias "doenças", particularmente a "doença holandesa".[16] A entrada abrupta e massiva de divisas supervaloriza a cotação da moeda nacional perante o dólar, o que acaba com a competitividade da economia no mercado internacional e prejudica o setor manufatureiro e agropecuário voltado à exportação. Com a apreciação do câmbio real, os fatores de produção migram dos setores prejudicados (agropecuário e industrial) a segmentos como construção, comércio, importação e serviços, e àqueles que são influenciados pelo auge da atividade primário-exportadora. Isso distorce a economia, recortando fundos de investimento que poderiam ser destinados precisamente aos setores que geram maior valor agregado, mais emprego, melhor incorporação de tecnologia e encadeamentos produtivos. O ajuste posterior ao *boom*, necessário para enfrentar a crise, é visto como parte de tal "doença".

- A especialização das exportações primárias — a longo prazo — muitas vezes produziu resultados negativos devido à deterioração tendencial dos termos de câmbio (Prebisch, 1950). Este processo favorece os bens

16 Além do extrativismo, outras atividades podem produzir efeitos similares aos da "doença holandesa": as remessas estrangeiras [dinheiro enviado por imigrantes para seus parentes que ficaram no país de origem], os investimentos estrangeiros, a cooperação ao desenvolvimento, a entrada massiva de capital privado no mercado financeiro, entre outras (Schuldt, 1994).

industriais importados. As matérias-primas possuem uma baixa elasticidade-ingresso, são substituíveis por produtos sintéticos, têm uma baixa contribuição tecnológica e escasso desenvolvimento inovador; até mesmo o conteúdo de matérias-primas nos produtos manufaturados é cada vez menor. Por tudo isso, seus preços são fixados basicamente pela lógica da competição no mercado: são *commodities*. Isso impede os países especializados na exportação de mercadorias altamente homogêneas — ou seja, matérias-primas — de participarem plenamente nos ganhos de crescimento econômico e no progresso técnico mundial.

- A elevada taxa de lucro sustentada pelas rendas diferenciais ou ricardianas (derivadas da riqueza da Natureza, mais que do esforço humano), que contêm os bens primários, motiva a superprodução, inclusive quando caem os preços das matérias-primas. Ademais, tais rendas — ainda mais quando não se cobram devidamente os *royalties* ou os impostos correspondentes — criam lucros excedentes que distorcem a destinação de recursos no país. Daí a importância de "nacionalizar os recursos naturais", como o petróleo, por exemplo, para, ao menos, melhorar a distribuição dos lucros extraordinários e das rendas obtidas pelas empresas.

- A volatilidade própria dos preços e das matérias-primas no mercado mundial faz com que as economias primário-exportadoras sofram problemas recorrentes em suas balanças de pagamentos e em suas contas fiscais. Isso gera uma grande dependência financeira externa, e submete a erráticas flutuações as atividades econômicas e sociopolíticas nacionais. Tudo isso se agrava com a queda dos preços no mercado internacional, o que consolida a crise da balança de pagamentos e a crise fiscal. A situação se aprofunda, muitas vezes, com a fuga massiva dos capitais que aterrissaram para lucrar com os anos de bonança, acompanhados pelos — também fugidios — capitais locais. Com isso, se agudiza a restrição externa e a pressão para recorrer ao endividamento, que já estava presente no tempo das vacas gordas (Acosta, 1994; 2001).

- Curiosamente, em anos recentes, não registramos esta fuga de capitais dos países subdesenvolvidos em crise, uma vez que os centros do capitalismo metropolitano tradicional também atravessam situações muito críticas. Seus bancos não são tão confiáveis como antes, apesar dos enormes resgates que receberam desde 2008. Mesmo que estivessem em boa situação, porém, nem todos os capitais costumam fugir a tais centros metropolitanos: o escândalo conhecido como Panama Papers é paradigmático.[17] Trata-se de opções que, sem dúvida, funcionam em estreita vinculação com a lógica de acumulação do capitalismo transnacional.

17 Os Panama Papers são um conjunto de 11,5 milhões de documentos confidenciais de autoria da sociedade de advogados panamenha Mossack Fonseca que fornecem informações detalhadas sobre mais de 214 mil empresas de paraísos fiscais *offshore*, incluindo a identidade de acionistas e administradores. O conjunto de documentos, que totaliza 2,6 terabytes de dados e abrange um intervalo de tempo entre a década de 1970 e o início de 2016, foi enviado por uma fonte anônima para o jornal alemão *Süddeutsche Zeitung* em 2015 e, posteriormente, para o Consórcio Internacional de Jornalistas Investigativos, com sede em Washington. Os papéis foram distribuídos e analisados por cerca de quatrocentos jornalistas de mais de cem veículos de comunicação em cerca de oitenta países. As primeiras notícias sobre o caso foram publicadas em 3 de abril de 2016. [N.E.]

- O auge da exportação primária também atrai os banqueiros internacionais, que estão sempre alertas, e que na bonança desembolsam empréstimos a torto e a direito, como se se tratasse de uma atitude sustentável. Este financiamento, ademais, é recebido de braços abertos por governantes e empresários que creem em milagres permanentes. Nesta época, a China passou a ser o principal credor da América Latina, o que incitou ainda mais a superprodução de recursos primários, aumentou as distorções setoriais e hipotecou o futuro da economia, pois chegará o momento de "honrar" a superdimensionada dívida externa contraída durante a euforia exportadora em condições que se mostrarão muito onerosas, sobretudo em tempos de crise. O endividamento recrudesce na medida em que os preços de exportação começam a cair e os juros, a aumentar (Acosta, 1994; 2001).

- A dependência dos mercados estrangeiros, embora paradoxal, é ainda mais destacada em épocas de crise. Existe uma espécie de bloqueio mental generalizado, começando pelos governantes destes países. Nesse contexto, todas ou quase todas as economias atadas à exportação de produtos primários caem na armadilha de aumentar as taxas de extração quando os preços se deterioram. Buscam, assim, de qualquer maneira, sustentar a renda proveniente das exportações primárias. Esta realidade beneficia os países centrais, pois um maior fornecimento de matérias-primas — petróleo, minérios ou alimentos — em épocas de preços baixos cria uma oferta exagerada, debilitando ainda mais os preços que já estão deprimidos. Desta maneira, se produz um "crescimento empobrecedor" (Bhagwati, 1958) e a superexploração de matérias-primas.

- A abundância de recursos externos, alimentada pelas exportações de petróleo e minérios — tal como visto nos últimos anos —, cria uma ânsia consumista saciada, sobretudo, com importações, desperdiçando-se recursos, uma vez que produtos nacionais acabam muitas vezes sendo substituídos por bens oriundos do exterior. Esta situação é incentivada pela supervalorização cambial, ocasionada pela entrada massiva de divisas. Maiores investimentos e gastos públicos, sem que se tomem as devidas providências, incentivam as importações, e não necessariamente a produção doméstica. A história nos ensina que, normalmente, não existe um uso adequado dos recursos disponíveis, e é muito comum o aparecimento dos conhecidos "elefantes brancos": aquelas obras monumentais que acabam sem uso ou são muito pouco aproveitadas.

- Essa experiência também ilustra e confirma que o extrativismo não permite uma diversificação produtiva e, menos ainda, gera encadeamentos dinâmicos. Não se asseguram relações produtivas integradoras e sinérgicas, nem para frente, nem para trás, tampouco na demanda final (consumo, infraestrutura e impostos). Muito menos se facilita e se garante a transferência tecnológica e a geração de externalidades a favor de outros setores. Dali se deriva uma das características clássicas das economias primário-exportadoras, presente desde a colonização: um caráter de encrave, com territórios extrativistas normalmente isolados do resto da economia. Esta situação não se modificou na atualidade, seja nos países com governos neoliberais, seja nos progressistas. Não obstante, este fenômeno deve ser revisado, já que as regiões extrativistas não se circunscrevem exclusivamente às zonas de onde se extraem os recursos naturais: deve-se considerar também seu relacionamento com regiões extrativistas virtuais, uma vez que dependem da economia mundial. É preciso, então, refletir sobre como os mercados futuros das matérias-primas estão relacionadas com as lógicas extrativistas enquanto mecanismos que as alentam permanentemente.

- Em estreita relação com o ponto anterior, as empresas que controlam a exploração de recursos naturais não renováveis, devido à sua localização e forma de exploração, se convertem frequentemente em poderosos grupos de poder empresarial frente a Estados nacionais relativamente fracos. A experiência nos mostra como algumas transnacionais se aproveitam de uma posição dominante — obtida, por exemplo, por sua contribuição à balança comercial do país — para influenciar as esferas de poder nacionais por meio de uma constante ameaça a governos que se atrevam a remar na contracorrente. Uma "nova classe corporativa" capturou não apenas o Estado, sem maiores contrapesos, mas também importantes meios de comunicação, institutos de pesquisa, consultorias, universidades, fundações e escritórios de advocacia. Esta classe corporativa transnacional — no caso dos investimentos chineses, apoiada diretamente por Pequim — converteu-se em "ator político privilegiado", por possuir "níveis de acesso e influência dos quais não goza nenhum outro grupo de interesse, estrato ou classe social", e, ainda mais, que permite "empurrar a reconfiguração do resto da pirâmide social". "Trata-se de uma mão invisível [em certas ocasiões, muito visível] no Estado que outorga favores e privilégios e que, uma vez que os obtém, tende a mantê-los a todo custo", e os assume como "direitos adquiridos" (Durand, 2006).

- Enfraquece-se, assim, a lógica do Estado-nação, abrindo espaço para o que se conhece como "desterritorialização" do próprio Estado. Desta maneira, o Estado "retira-se" das regiões que circundam poços de petróleo e minas, por exemplo, e transfere o atendimento de direitos sociais da população local às empresas extrativistas. Isso conduz a uma administração desorganizada e não planificada destas regiões, que, inclusive, encontram-se muitas vezes à margem das leis nacionais. Neste contexto, o Estado extrativista viabiliza a vinculação dos territórios de extração mineral ou petrolífera com o mercado mundial, seja oferecendo a infraestrutura necessária, seja destinando tropas policiais e até mesmo militares aonde for preciso. Isso não implica necessariamente sua integração nacional e local. Tudo isso, somado a muitos outros pontos, conduz à desnacionalização da economia, não apenas pelo controle direto dos recursos naturais, mas pela incidência direta ou indireta de empresas transnacionais na definição das políticas dos países extrativistas.

- Este extrativismo cada vez mais desaforado consolida um ambiente de violência e marginalidade crescentes, que desemboca nas respostas repressivas, míopes e toscas de um Estado policial que não cumpre com suas obrigações sociais e econômicas. A criminalização e a repressão desatadas para sustentar e ampliar o extrativismo são uma característica comum de todos os governos da região, independentemente de sua orientação ideológica.

- A desigualdade na distribuição da renda e dos ativos nos conduz a um beco aparentemente sem saída: os setores marginais, com maior produtividade do capital que os modernos, não acumulam, pois não possuem os recursos para economizar e investir; e os setores modernos, com maior produtividade de mão de obra, não investem, uma vez que não têm mercados internos que assegurem rentabilidades atrativas. Isso, por sua vez, agrava a indisponibilidade de recursos técnicos, de força de trabalho qualificada, de infraestrutura e de divisas, o que desencoraja o investimento, e assim sucessivamente. Ou seja, uma situação conhecida há muitas décadas: aprofunda-se a heterogeneidade estrutural destes aparatos produtivos (Pinto, 1970).[18]

- Agregue-se a isso o fato óbvio — e infelizmente necessário, por razões tecnológicas — de que, diferentemente dos demais setores, a atividade extrativista, sobretudo de mineração e petróleo, absorve pouco — embora bem remunerado — trabalho direto e indireto: contrata força de trabalho especializada e altamente qualificada, muitas vezes estrangeira. A tecnologia é mundial, como as finanças, enquanto a extração deve ser local e a produção, local ou deslocalizada;[19] é intensiva em capital e em importações: utiliza quase exclusivamente insumos e tecnologias estrangeiras

18 As patologias próprias das economias primário-exportadoras e dos encraves extrativistas são muitas e muito importantes. Pode-se citar uma seleção de muitos trabalhos de André Gunder Frank (1970; 1979), Ruy Mauro Marini (1973; 1978), Celso Furtado (1974) e Theotônio dos Santos (1978; 1998), entre outros. Pode-se ainda consultar Acosta (2016).

19 Exemplos de produção deslocalizada são o refino de petróleo e o beneficiamento de estanho fora do país de onde são extraídos. O caso do estanho ficou muito claro quando da nacionalização ocorrida na Bolívia durante o governo do Movimento Nacionalista Revolucionário (MNR) em 1953. As famílias Patiño, Aramayo e outras continuaram controlando o refino do estanho extraído em Uncía, Llallagua, Siglo XX, Catavi etc.

etc. Tudo isso faz com que o "valor interno de retorno" — equivalente ao valor agregado que permanece no país — da atividade primário-exportadora seja irrisório.

- Por sua vez, produzem-se novas tensões sociais nas regiões extrativas, pois muito poucos moradores destas regiões se integram como mão de obra — geralmente, superexploradas — das empresas petrolíferas ou das mineradoras, ou se beneficiam indiretamente de suas atividades. Quanto às monoculturas agrícolas, em que se emprega uma quantidade maior de trabalhadores locais, as relações laborais são precárias, havendo, inclusive, casos de escravidão ou semiescravidão. As plantações de banana no Equador são apenas um dos muito exemplos que se multiplicam na América Latina.

- Como consequência da exportação de bens primários, consolida-se e aprofunda-se a concentração e centralização da renda e da riqueza — e também do poder político — em poucas mãos. Vistas como motores da modernidade, as empresas transnacionais são as grandes beneficiárias desse processo, além de serem louvadas pelo "mérito" implícito no risco que assumem ao se lançarem à prospecção e à exploração dos recursos naturais. Nenhuma palavra sobre como promovem uma maior "desnacionalização" da economia, em parte pelo volume de financiamento necessário para a exploração de tais recursos, em parte pela falta de empresas nacionais capazes de assumir a tarefa, em parte pela pouca vontade política dos governos para formar alianças estratégicas com empresários locais.

- Nas economias primário-exportadoras, as estruturas e as dinâmicas políticas se caracterizam pelo "rentismo", pela voracidade e pelo autoritarismo com que se tomam as decisões. Tal voracidade dispara os níveis de gasto público de maneira desproporcional, com uma política fiscal desordenada, elaborada com o intuito de financiar todo tipo de ações clientelistas destinadas a assegurar o poder, sem uma planificação adequada e sem maior preocupação pela qualidade da gestão ou pelo controle democrático. Este "efeito voracidade" se reflete na busca desesperada e na apropriação abusiva de uma parte importante dos excedentes do setor primário-exportador. Os detentores do poder político exprimem esses excedentes para se perenizar em seus cargos — ou para lucrar com eles. Nesse encontro, onde grassa a corrupção, é óbvio que se torna muito difícil encontrar um incentivo real para elaborar um sistema tributário equitativo, ainda mais em meio à corrupção desenfreada.

- O extrativismo cria uma concepção reducionista da Natureza, pois reduz a complexidade das redes biofísicas e dos processos de reprodução naturais a meros "recursos", que estão disponíveis para prospecção, exploração e mercantilização. Tampouco reconhece as consequências negativas dos processos de extração. No melhor dos casos, suas externalidades são consideradas, mas não como parte de um contexto integral próprio das estruturas da Natureza. A partir desta perspectiva, o extrativismo lesiona o meio ambiente natural e social em que intervém, sobretudo quando se trata de megaprojetos — que rompem os ciclos vitais da Natureza e destroem os elementos substanciais dos ecossistemas, impedindo sua regeneração. Ou seja, o extrativismo afeta de maneira grave e irreversível os Direitos da Natureza.[20] Tal deterioração

20 Os Direitos da Natureza ganharam destaque após terem sido aprovados pela Constituição do Equador em 2008.

ocorre apesar de alguns esforços das empresas para diminuir a poluição, e das ações sociais para estabelecer relações "amigáveis" com as comunidades. Tudo isso explica por que as comunidades afetadas respondem cada vez mais defensivamente aos projetos extrativistas, e por que são cada vez mais reprimidas pelos governos e pelas próprias empresas. A repressão e a criminalização do protesto social se tornam uma ferramenta-chave para aprofundar o extrativismo.

- Apesar de todos estes argumentos críticos à acumulação primário-exportadora, que possibilitaram a formulação de uma tese sobre a "maldição da abundância" (Acosta, 2009), as sociedades dos países cujas economias se baseiam predominantemente no extrativismo se posicionam de maneira quase indiscutível a favor de tais atividades. Parece que a verdadeira maldição — neste caso, uma patologia — está na incapacidade de assumir o desafio de construir alternativas à acumulação primário-exportadora, que parece se eternizar, apesar de seus explícitos fracassos.

A apropriação massiva da Natureza, ou seja, de "recursos naturais" extraídos mediante múltiplas violências, atropelando os Direitos Humanos e os Direitos da Natureza,

O número de pessoas que estudam o tema cresce diariamente, entre as quais citamos Esperanza Martínez (2009), Diana Murcia (2009), Raúl Eugenio Zaffaroni (2011), Ramiro Ávila (2011), Alberto Acosta (2011; 2013) e Eduardo Gudynas (2016b). Citamos também as valiosas contribuições trazidas antes do debate constitucional equatoriano por Godofredo Stutzin (1984), Peter Saladin (1986), Georg Leimbacher (1988), Christopher Stone (1996) e Cormac Cullinam (2003), por exemplo. Lembramos ainda de Arne Naess, considerado o pai da "ecologia profunda", e Baruch de Espinoza, de quem Naess se nutre explicitamente.

"não é consequência de um tipo de extração, mas uma condição necessária para poder levar a cabo a apropriação de recursos naturais" (Gudynas, 2013, p. 11).[21]

Não existe, em síntese, um extrativismo bom[22] e um extrativismo ruim. O extrativismo é o que é: um conjunto de atividades de extração maciça de recursos primários para a exportação, que, dentro do capitalismo, se torna fundamental no contexto da modalidade de acumulação primário-exportadora. Deste modo, o extrativismo é, em essência, tão predador quanto "o modo capitalista [que] vive de sufocar a vida e o mundo da vida", esse processo que foi levado a tal extremo que a reprodução do capital somente pode se realizar na medida em que "destrua igualmente os seres humanos e a natureza", como

21 Marx (2013, p. 820) já havia dito que a própria origem do capitalismo — ou seja, a acumulação originária do capital — provém da extração de recursos naturais, da exploração e da violência: "A descoberta das terras auríferas e argentíferas na América, o extermínio, a escravização e o soterramento da população nativa nas minas, o começo da conquista e o saqueio das Índias Orientais, a transformação da África numa reserva para a caça comercial de peles-negras caracterizam a aurora da era da produção capitalista. Esses processos idílicos constituem momentos fundamentais da acumulação primitiva".

22 Como é o caso do uso do termo extrativismo em português, no Brasil, quando se refere à extração ou obtenção sustentável de recursos naturais da floresta — de castanhas ou de madeira, por exemplo — sem afetar a existência do ecossistema ou de sua biodiversidade. [Casos típicos de "extrativismo natural" no Brasil, ensinados até mesmo nas escolas, são o do babaçu e da carnaúba, que, no entanto, carregam uma série de problemas sociais. Ver, por exemplo, Centro de Defesa da Vida e dos Direitos Humanos Carmen Bascarán & Comissão Pastoral da Terra. *Entre idas e vindas: novas dinâmicas de migração para o trabalho escravo*. São Paulo: Urutu-Branco, 2017 — N.E.]

afirmou o filósofo equatoriano Bolívar Echeverría.[23]

Todos os aspectos aqui expostos sobre o extrativismo se inter-relacionam com os elementos típicos do que se conhece como "subdesenvolvimento":

- A fraqueza dos mercados internos, devido sobretudo à reduzida entrada de divisas e às enormes desigualdades na distribuição da riqueza;
- A crescente pobreza das massas, confrontada com uma maior concentração de renda e de ativos — o que explica especialmente o processo de empobrecimento;
- A presença de sistemas produtivos defasados e modernos, que caracterizam a heterogeneidade estrutural e a informalidade do aparato produtivo;
- Os escassos encadeamentos produtivos e setoriais, assim como de demanda e fiscais, em particular entre as atividades de exportação e o resto da economia;
- A concentração produtiva de bens não processados com vistas ao abastecimento do mercado externo, apesar dos vaivéns dos preços internacionais dos produtos primários, que são intensivos em capital e demandam pouca força de trabalho;
- A falta de uma adequada integração entre as diversas regiões de cada país, sobretudo em infraestrutura e intercâmbio produtivo;
- A absorção de recursos financeiros das regiões mais pobres pelas mais ricas, o que cria um "efeito circular acumulativo" (Myrdal, 1959) que empobrece mais e mais a uns em benefício de outros — acompanhada, também, de "intercâmbio desigual doméstico";
- A ausência de um sistema moderno de ciência e tecnologia, base para o desenvolvimento de vantagens

---

23 "El capitalismo es posible solo sacrificando la Vida", em *El Comercio*, 4 ago. 2007.

comparativas dinâmicas, acompanhada de um solene desprezo pelos saberes ancestrais;

- A má gestão do Estado e uma destacada arbitrariedade burocrática: o autoritarismo é quase uma norma nos países extrativistas;
- Os sempre escassos gastos em políticas sociais, especialmente em saúde e educação, muitas vezes inadequadamente investidos em propostas que não agem na raiz dos problemas;
- A carência de estratégias baseadas nas soberanias alimentar, energética, financeira e econômica;
- As ineficiências maciças do setor produtivo; e
- A corrupção generalizada em toda a sociedade, articulada entre os círculos direta ou indiretamente vinculados com o extrativismo.

Uma das maiores mazelas — que explica de maneira substantiva a situação de subdesenvolvimento — radica na colonialidade do poder, do ser e do fazer.[24] Esta colonialidade não é apenas uma recordação do passado: continua vigente e explica até mesmo a organização atual do mundo em seu conjunto, uma vez que se trata de um aspecto fundamental na agenda da modernidade.[25]

[24] Entre os críticos da colonialidade, destacamos os trabalhos de Aníbal Quijano, Boaventura de Sousa Santos, Gayatri Chakravorty Spivak, Edward W. Said, José de Souza Santos, Chandra Talpade Mohanty, Nikita Dhawan, Enrique Dussel, Arturo Escobar, Fernando Coronil, Edgardo Lander, Anne McClintock, Enrique Leff, Arif Dirklik, Breny Mendoza, Francisco López Segrera e Alejandro Moreano.

[25] José María Tortosa, nos comentários que fez sobre este livro, observa que essa lista pode ser aplicada quase inteiramente aos casos atuais da crise que atinge Espanha e Grécia. Os supostos "desenvolvimento" e "subdesenvolvimento" não formariam uma dicotomia, mas um *continuum*. A má notícia, portanto, é que não existe uma "luta final".

Apesar de tais realidades e patologias serem ampla-mente conhecidas depois de tantos séculos de dependência do extrativismo, há pouquíssimas respostas efetivas para esta situação, mesmo dentro da noção de um possível "extrativismo sensato", que poderia ser o primeiro passo em um longo processo de transição pós-extrativista e pós-capitalista.

Nos últimos anos talvez possamos destacar como esboços de alternativas à dependência do extrativismo alguns fundos de estabilização — que não se comparam com aqueles fundos utilizados para garantir simplesmente o pagamento da dívida externa — cuja eficácia depende da duração dos preços baixos das matérias-primas no mer-cado internacional.

De qualquer maneira, a única certeza é que, hoje, a América Latina é ainda mais dependente do extrativismo do que em um passado recente, tanto em países com gover-nos neoliberais, quanto nos "progressistas". Todos estes governos, de mãos dadas com o extrativismo, embarcaram em uma nova cruzada desenvolvimentista: seja para "sair do extrativismo com mais extrativismo", como afirmava o governo equatoriano, seja para embarcar na "locomotiva da mineração", como propôs o governo colombiano.

2.1.2 Do extrativismo colonial ao extrativismo contemporâneo

A situação atual do extrativismo na América Latina abriu espaço para intensos debates. Para defini-la, cunhou-se o termo "neoextrativismo". Gudynas (2009; 2013b; 2016a) e Acosta (2009; 2014) definem como neoextrativismo a maneira como os governos "progressistas" aplicam e administram as políticas extrativistas, apresentando algumas diferenças em relação ao extrativismo dos regimes neoliberais.

Em sintonia com Jürgen Schuldt, Brand defende que a América Latina atravessa uma fase neoextrativista desde o ano 2000. Há diferenças consideráveis entre cada país, obviamente, e seus governos atuam de maneiras distintas, segundo a conjuntura e as mobilizações sociais internas. Contudo, estas diferenças dizem respeito muito mais às características que definem cada sociedade nacional, e não tanto à linha "progressista" ou "neoliberal" de seus governos. Entender a dinâmica econômica internacional e suas articulações com a sociedade de cada país é essencial para compreender a atual fase do extrativismo latino-americano (Brand, Dietz & Lang, 2016).[26]

---

26 Pode-se, assim, diferenciar duas fases. A primeira abarca o intervalo entre os anos 1970 e 2000, quando, de certo modo, o neoextrativismo foi aventado e preparado como uma possibilidade econômica para a América Latina. A segunda fase, que se iniciou na virada do século e cuja dinâmica começou a se acelerar a partir de 2003, continua vigente. O funcionamento do mercado capitalista, que reduz o tamanho do Estado com o objetivo de flexibilizar as relações de trabalho, reprimarizar o aparato produtivo, liberalizar as economias, assegurar o pagamento da dívida e a competitividade, converteu estas medidas em critérios

Considerando estas distintas definições de neoextrativismo, acreditamos que é melhor voltar ao conceito de extrativismo em termos mais gerais, reconhecendo, porém, que sua última fase histórica — a atual — possui dimensões particulares. Por isso, é importante observar as diferenças entre os governos neoliberais e os "progressistas" que se instalaram na América Latina no início do século XXI.

De qualquer modo, entendemos que o neoextrativismo é uma versão contemporânea do velho extrativismo — e que, portanto, está aferrado às suas típicas patologias. Para além do fato de que vários regimes "progressistas" tenham proposto transformar a matriz produtiva de seus países e realizado alguns esforços nesta direção, acabaram não tocando a essência da matriz de acumulação primário-exportadora. Apesar de discursos e projetos oficiais, os resultados, como já dissemos, foram a consolidação e a ampliação do extrativismo na América Latina.

Recordemos que a constelação de poder histórico-política na região, produto da luta dos movimentos sociais, possibilitou a ascensão de governos "progressistas" que fortaleceram o papel do Estado na economia com uma crescente presença do controle e da ação estatais no âmbito extrativista. Desde então, promoveram políticas de distribuição da renda obtida com as exportações de matérias-primas. As lutas sociais latino-americanas dos anos 1990 e 2000 se definiram sobretudo por reivindicações nacionalistas, que se nutriram paulatinamente de propostas ecologistas devido à escassez de recursos hídricos para os camponeses, ao desmatamento e à poluição provocados

> dominantes na política estatal. Como resultado, chegou-se ao que se conhece como "desenvolvimentismo orientado ao mercado global". Para mais, ver a síntese de John Williamson (1990) sobre o chamado Consenso de Washington.

pela mineração — legalizada ou clandestina — e pela atividade petrolífera, ao esgotamento dos recursos pesqueiros após anos de superexploração, à poluição urbana, à redução da biodiversidade silvestre e agrícola, à perda de qualidade e disponibilidade de água e, entre outras razões, aos efeitos do aquecimento global.

Svampa (2012) e Gudynas (2016a) assinalam que o extrativismo atual tem início com um dispositivo político-social nacional-popular que se consolida justificando a exploração da Natureza como motor do "desenvolvimento nacional".

Portanto, a partir de uma postura nacionalista, os governos "progressistas" buscaram principalmente aumentar o acesso e o controle do Estado sobre os recursos naturais e os benefícios da extração. Isso não é necessariamente ruim. O problema é que tal posicionamento político serve para criticar o controle dos recursos naturais pelas empresas transnacionais, mas não a exploração em si.

Aqui a noção de soberania emerge como fator explicativo de muitas ações orientadas ao controle estatal da exploração dos recursos naturais: uma ação vista como necessária para lutar contra a pobreza e a desigualdade.[27] Este aspecto é medular para compreender como alguns governantes "progressistas" se tornam defensores fervorosos das atividades extrativistas, como

---

27 Muito já se escreveu sobre isso. Citamos os trabalhos de Eduardo Gudynas (2009; 2014), Catalina Toro Pérez (2012), Saturnino Borras *et al.* (2012), Maristella Svampa (2012, pp. 48-56; 2015), Henry Veltmeyer (2013), Anthony Bebbington & Jeffrey Bury (2013), Gian Delgado Ramos (2013), Raúl Prada Alcoreza (2014), Hans Burchardt & Kristina Dietz (2014), Klaus Meschkat (2015) e Bettina Engels & Kristina Dietz (2016). Sobre extrativismo e vida cotidiana, ver Verónica Gago (2015).

Rafael Correa,[28] que se converteu no maior promotor da megamineração no Equador.[29]

É verdade que para combater as desigualdades é preciso mais recursos públicos. Por isso é que, aproveitando o momento em que as matérias-primas alcançaram preços elevados no mercado global, os governos "progressistas" fomentaram o extrativismo. A conjuntura permitiu que se encarasse o extrativismo como uma oportunidade. Houve governos, particularmente o equatoriano, que enxergaram o extrativismo como uma espécie de alavanca para construir as condições que permitissem superar o próprio extrativismo. Além disso, todos os governos latino-americanos encararam o crescimento econômico como motor para o "desenvolvimento" de outros setores produtivos.

Há um intenso debate sobre estas questões. De acordo com os defensores dos governos "progressistas", existe uma maneira objetiva de avaliar — e celebrar — o modelo de desenvolvimento neoextrativista: basta verificar seus resultados econômicos e a distribuição de renda que promoveram. Sustenta-se que, analítica e programaticamente, a crítica ao extrativismo despreza dados significativos, como o aumento dos salários, o maior protagonismo do Estado e a transformação do poder. E destaca-se a intenção dos governos "progressistas" de transformar a médio prazo o modelo primário-exportador e sua forte dependência da demanda e dos preços estabelecidos pelo mercado mundial, mediante uma reestruturação econômica e social — que

28 Rafael Correa governou o Equador em três mandatos: 2007–2009, 2009–2013 e 2013–2017. A primeira gestão, mais curta, foi interrompida pela aprovação de uma nova Constituição, em 2008, fato que provocou a convocação de eleições gerais vencidas pelo presidente, que quatro anos depois se reelegeu. [N.E.]

29 Sobre o apoio de Rafael Correa à megamineração, ver Acosta & Caicedo (2016).

não conseguiram nem almejaram alcançar. Para se defender das críticas e da crescente resistência social a este modelo econômico cada vez mais atado ao extrativismo, os políticos "progressistas" se tornaram cada vez mais centralistas e autoritários.

Estes governos "progressistas" — Bolívia e Equador, sobretudo — afirmam que conceitos como o Bem Viver não podem ser generalizados e que não passam de uma "longínqua estrela guia" de uma sociedade pós-capitalista. Além disso, esvaziaram o Bem Viver de seu conteúdo revolucionário e o transformaram em um dispositivo de poder. Mas não podemos esquecer que o Bem Viver ou *sumak kawsay* permite entrever um horizonte civilizatório emancipador.

Estas cosmovisões, relacionadas a territórios específicos, propõem opções distintas da visão de mundo ocidental, uma vez que nascem de raízes comunitárias não capitalistas e harmonicamente relacionadas com a Natureza. O Bem Viver, assim, propõe uma transformação de alcance civilizatório, uma vez que é biocêntrica e não mais antropocêntrica (trata-se, na verdade, de uma trama de relações harmoniosas que não possui um centro); comunitária, e não individualista; sustentada na pluralidade e na diversidade, não unidimensional nem monocultural. Para compreendê-lo é necessário submeter-se a um profundo processo de descolonização[30] intelectual nos aspectos político, econômico e, claro, cultural.

---

30 Entre os diferentes autores que trabalharam o tema da colonialidade do poder, ressaltamos as contribuições do pensador peruano Aníbal Quijano, cujos textos mais importantes estão quase todos compilados em *Cuestiones y Horizontes — Antología Esencial: de la dependencia histórica-estructural a la colonialidad/decolonialidad del poder*. Buenos Aires: Clacso, 2014.

Vemos que o neoextrativismo impulsionado pelos governos "progressistas" é parte de uma versão contemporânea do típico desenvolvimentismo latino-americano, uma opção que foi duramente criticada em décadas anteriores por estruturalistas e dependentistas.

Está claro que os governos "progressistas" — e também os neoliberais — mantêm os mitos do "progresso", em sua deriva produtivista, e do "desenvolvimento" como direção única, sobretudo em sua visão mecanicista de crescimento econômico, assim como seus múltiplos sinônimos. Aliás, este extrativismo do século XXI — neoliberal ou progressista — não perde seu caráter conquistador e colonizador.

Não se pode negar, porém, que a condição de vida da população historicamente marginalizada experimentou relativa melhoria nos países administrados por governos "progressistas" — graças a uma melhor distribuição da renda do extrativismo, que, como já pontuamos, cresceu nesse período devido aos preços elevados das matérias-primas no mercado internacional. Apesar da retórica revolucionária e dos êxitos sociais — embora alguns destes êxitos mais se pareçam a uma mera recuperação econômica após a crise neoliberal dos anos 1990 —, não houve uma verdadeira redistribuição da riqueza e do poder, e menos ainda uma mudança na modalidade de acumulação.[31]

A situação se explica pela relativa facilidade de se tirar vantagens da Natureza, atropelando seus defensores,[32] sem

31 Para uma análise mais aprofundada sobre o caso equatoriano, ver JARAMILLO, Francisco Muñoz. *Balance crítico del gobierno de Rafael Correa*. Quito: Universidad Central del Ecuador, 2015.

32 Como exemplo paradigmático de perseguição aos opositores do extrativismo, citamos o caso do Coletivo Yasunidos, no Equador, cuja proposta de realizar uma consulta popular para que os cidadãos — e não apenas o governo — pudessem

empreender complexos processos sociais e políticos de redistribuição. Isso permite compreender por que os grupos mais acomodados das velhas oligarquias — e também das novas —, muitas delas vinculadas ao capital transnacional, obtiveram lucros suculentos em meio a denúncias de corrupção cada vez mais frequentes.

Agora que o ciclo de preços altos das matérias-primas chegou ao fim, retoma-se nestes países a lógica dos ajustes — ou seja, corte nos gastos públicos e nas políticas sociais, desvalorização do câmbio, aumento das taxas de juros e "flexibilização do trabalho" — que, como tudo indica, terminarão golpeando com mais força os mesmos de sempre: os setores médios e populares.

Resumidamente, o extrativismo no século XXI expressa uma forma substancial da modalidade de acumulação primário-exportadora, resultado de um modelo de desenvolvimento capitalista periférico e dependente. A mesma situação social se vincula — embora não exclusivamente — com a valorização de determinados recursos naturais no mercado mundial capitalista como uma extensão particular da lógica fetichista do capitalismo.

Esta é uma tendência tão forte que ainda hoje há quem acredite que, agora sim, o "desenvolvimento" será possível. Em algumas publicações, por exemplo, a Comissão Econômica para a América Latina e o Caribe (Cepal) das Nações Unidas propõe a reprimarização — ou seja, o retorno à produção de bens primários

decidir sobre a instalação de poços de petróleo no Parque Yasuní, na Amazônia equatoriana, foi fraudulentamente anulada pelo Conselho Nacional Eleitoral. Para mais informações sobre este caso, ver *Estrategias de represión y control social del Estado ecuatoriano: informe psicosocial en el caso de los Yasunidos*. Quito: Colectivo de Investigación y Acción Psicosocial, 2015.

— como uma estratégia de "desenvolvimento" da região (Cepal, 2011, p. 21). É claro que, hoje, a atualização do "modelo de desenvolvimento" ocorre em condições e dinâmicas internas e globais em plena transformação. Algumas destas dinâmicas derivam da instabilidade do mercado mundial e das mudanças geopolíticas, que estão incidindo na flutuação dos preços das matérias-primas.

As estratégias de "desenvolvimento" baseadas na exploração dos recursos naturais e na apropriação e distribuição condicionada de seus benefícios também voltam a ganhar importância em outras regiões do mundo (Fraser & Larmer, 2010; Breininger & Reckordt, 2012; Pichler, 2015). De certo modo, Rússia e Indonésia fazem parte deste grupo de países, que futuramente também será integrado por Mianmar. É importante destacar que tais estratégias se relacionam diretamente com a manutenção dos modos de produção e de vida do Norte global, que demandam alto consumo de recursos e que, ademais, transformaram muitos recursos naturais, ao negociá-los nos mercados internacionais, em objeto de especulação financeira: eis a perversa "financeirização da Natureza" (Tricarico & Löschmann, 2012; Brand & Wissen, 2014; Kill, 2015).

Esta recente reprimarização se iniciou por volta do ano 2000, intensificando-se a partir de 2003, embora, nessa época, ainda não fosse tão evidente: na realidade, os aumentos de preços das *commodities* começaram a princípio dos anos 1990, e ganharam força no final de 2002. O processo foi acompanhado pela transformação de muitas constelações e dinâmicas globais, todas inter-relacionadas. Desde o início do século XXI, a demanda global por matérias-primas agrícolas e minerais passou por auges contínuos. Com isso, os termos do intercâmbio real entre produtos primários e industrializados melhoraram. Em 2008, o preço do barril de petróleo (Brent) alcançou mais de 133 dólares, depois de haver flutuado entre 23 dólares, no final de 2001, e 70 dólares, em meados de 2005. No final de 2008, o preço estava em 40 dólares, mas, no início de 2012, voltou a subir, chegando a 125 dólares. O preço do barril de petróleo voltou a cair consideravelmente a partir de meados de 2014, batendo em 40 dólares no final de 2015 e em 30 dólares em 2016. O aumento de preços foi ainda maior com os minérios, particularmente com os metais. Entre 2000 e 2011, o índice de recursos naturais da Agência Alemã de Recursos Minerais cresceu 400%. A cotação de alguns metais não preciosos, como o ferro, e de metais considerados "estratégicos" cresceu mais de 600%. Isso mostra a enorme volatilidade dos preços.

Agora, quando tudo indica que teve início uma nova fase de preços baixos, é indispensável fazer uma análise minuciosa da situação para compreender qual será a duração dessa queda e que efeitos provocará nas economias latino-americanas.[33] Simultaneamente, é preciso estar atento às mudanças tecnológicas em curso, sem por isso deixar-se aprisionar pelo fetiche da tecnologia.

---

33 É possível que os preços voltem a crescer. No entanto, seria um erro político e analítico esperar que isso aconteça sem tomar as medidas necessárias para reduzir a dependência desse tipo de produtos. A diversificação produtiva, com ênfase na soberania alimentar e no ecoturismo, seria um dos componentes da mudança.

2.1.3 Renascimento tecnológico do extrativismo?

Existe uma crescente relação entre o extrativismo e os avanços tecnológicos impulsionados pelas demandas do capital.[34] Especialmente em países como Argentina e Brasil, continua-se industrializando a agricultura, com o uso cada vez maior de sementes transgênicas, adubos químicos e agrotóxicos, por exemplo. Também na mineração e na atividade petrolífera se utilizam métodos de exploração de alta tecnologia, que, como costuma ocorrer com estes tipos de atividades extrativistas, requerem cada vez mais energia. Por isso, é importante vincular este extrativismo massivo com a ampliação das usinas de geração de energia, principalmente as hidrelétricas, que, por sua vez, provocam novas pressões sobre as comunidades e a Natureza. É cada vez mais comum falar em projetos mineral-energéticos, por exemplo.

Por isso é necessário assumir que uma série de mudanças tecnológicas está em marcha — tanto no âmbito do neoextrativismo, em que se abriu uma etapa de exploração não convencional de recursos naturais, quanto na forma de aproveitamento e exploração do trabalho humano. Nesta linha, surge o *fracking* e a exploração de petróleo e gás em profundidades cada vez maiores; a mineração hidroquímica em grande escala; as megaplantações inteligentes; a nanotecnologia, a geoengenharia e a bioengenharia. Temos que analisar todos esses "avanços" tecnológicos à luz de outras formas de obtenção de mais-valia, como o mercado de carbono e a flexibilização das leis trabalhistas.

---

34 Esta relação é muito antiga. Horacio Machado Aráoz (2014) recorda como a mineração colonial na América permitiu o desenvolvimento tecnológico na época.

Cada revolução tecnológica implica novas técnicas de produção. Certamente, muitas destas reflexões se aplicam também à Europa, onde se desenvolve com crescente intensidade uma discussão sobre a chamada "indústria 4.0": espera-se nos próximos anos um rapidíssimo crescimento da produtividade industrial graças à digitalização — tema ainda não tão conhecido na América Latina. Atualmente surgem diversas formas de combinar meios e instrumentos de produção com as mais modernas tecnologias. Isso inclui avanços impensáveis até pouco tempo atrás, como a impressão em 3D.

Tal raciocínio exige a identificação de novas fontes[35] de energia para estimular a produção de bens e sustentar um crescente sistema de serviços, que — dizem — poderiam ter custos cada vez mais baixos, tendendo a zero. É preciso refletir em outros âmbitos, como a própria evolução da extração de recursos naturais, a utilização de insumos e matérias-primas, os novos bens de consumo final, os sistemas de comunicação, os serviços financeiros, os sistemas de transporte e armazenagem. Não podemos menosprezar as novas fontes de informação, as bases de dados e sua transmissão. Ainda assim, temos que considerar os novos mercados geográficos — recordemos, por exemplo, o que representou a entrada da China na Organização Mundial do Comércio — e os novos estratos de consumidores, como esse número enorme de pessoas que é a classe média chinesa. Tudo isso conduz a novas formas de organização empresarial, assim como a modificações da institucionalidade do poder global. É chave conhecer os elementos tecnológicos

---

35 Este é um assunto de suma importância, e que possui uma literatura muito ampla. Mencionamos as contribuições de Herman Scheer (1999; 2005) ou Jeremy Rifkin (2002; 2011; 2014).

do momento — e seu futuro — e indispensável entender que estas mudanças implicam profundas decisões políticas.

As transformações possuem tamanha magnitude que configuram "novos regimes de trabalho/tecnologias de extração de mais-valia", que transformam e consolidam as modalidades de exploração e as formas de organização das sociedades, como sublinha Horacio Machado Aráoz (2016, p. 462):

> De acordo com esta dinâmica, o capital avança criando novos regimes de natureza (capital natural) e novos regimes de subjetividade (capital humano), cujos processos de (re)produção se encontram cada vez mais subsumidos à lei do valor. Esse avanço do capital supõe uma fenomenal força de expropriação/apropriação das condições materiais e simbólicas da soberania dos povos; das condições de autodeterminação da própria vida. E tudo isso se realiza às custas da intensificação exponencial da violência como meio de produção chave da acumulação.

O uso da técnica ocupa definitivamente um papel preponderante. E bem sabemos que a técnica não é neutra. Portanto, é preciso se aproximar dela com cautela, sem deixar de analisar as entrelinhas. Não se trata de uma posição conservadora, que rechaça ou minimiza o progresso tecnológico. É uma posição que, sim, questiona seus sentidos.

A tecnologia moderna está submetida ao processo de valorização do capital, e se desenvolve em função de suas demandas de acumulação, o que pode torná-la nociva em muitos aspectos. E, como tal, pressiona intensamente os recursos naturais — por meio da obsolescência programada, por exemplo.

Na busca por respostas a esta ruptura de relações com a Natureza, tropeçamos em um padrão tecnocientífico[36]

---

36 Sobre esta questão, ver os trabalhos de Carlota Pérez, disponíveis em <http://www.carlotaperez.org>.

que, em vez de construir compreensões fundamentais sobre o funcionamento da Natureza, de seu metabolismo e de seus processos vitais, decide explorá-la, dominá-la e transformá-la. Este parece ser o mandato da modernidade. Como recordou Vandana Shiva (1996, pp. 319-36),

> com o advento do industrialismo e do colonialismo [...] se produziu uma ruptura conceitual. Os "recursos naturais" se transformaram em partes da Natureza requeridas como insumos para a produção industrial e o comércio colonial. [...] A Natureza, que tem como natureza ressurgir, rebrotar, foi transformada por esta concepção de mundo originalmente ocidental em matéria morta e manipulável. Sua capacidade de renovar-se e crescer foi negada. Passou a ser dependente dos seres humanos.[37]

Não esqueçamos que toda tecnologia carrega uma "forma social", que implica uma maneira de nos relacionarmos uns com os outros e de construirmos a nós mesmos. Basta observar a sociedade que "produz" o automóvel e o tipo de energia que ele demanda.

Sem diminuir a importância dos avanços tecnológicos, é necessário considerar que nem toda a Humanidade se beneficia deles. Por exemplo, segmentos enormes da população mundial não têm acesso à informática ou à internet. E muitos dos que podem acessá-las são analfabetos tecnológicos: estão presos a uma tecnologia que sequer podem usar em plenitude.

Portanto, temos que pensar qual é a forma social

---

37 Aproveitamos para lembrar as valiosas reflexões de Vandana Shiva no livro *Dicionário do desenvolvimento: guia para o conhecimento como poder* (São Paulo: Vozes, 2000), organizado por Wolfgang Sachs.

implícita nos avanços tecnológicos supostamente demo-
cratizantes, a que todos deveríamos aderir, quando, na
verdade, muitas tecnologias celebradas na atualidade geram formas renovadas de desigualdade e exploração, assim
como alienação. Muitos avanços tecnológicos, como os que
substituem as funções do cérebro humano, fazem com que
certos trabalhadores percam suas funções, excluindo ou
deslocando todo aquele que não consiga acessar a tecnologia. Tudo isso redefine o próprio trabalho, levando-o ao
âmbito cognitivo e contribuindo com sua flexibilização.

Os seres humanos, aparentemente, nos tornamos
simples ferramentas ou "apêndices" das máquinas, quando
essa relação deveria ser inversa. A partir desta perspectiva,
para que exista outro tipo de tecnologia — sobretudo tecnologias consideradas como intermediárias e que permitam
inovações a partir de baixo —, é preciso transformar as
condições de sua produção social, caminhando, inclusive,
no sentido "inverso", ao considerar que, talvez, na verdade,
são as "forças produtivas" que devem se ajustar às relações
sociais da produção.

Eis outro ponto a ser considerado nos processos de
transformação. O desafio consiste em assumir o controle
sobre as tecnologias, e não que estas controlem os seres
humanos, como recomendava o pensador austríaco Ivan
Illich (2015), um dos autores que está recuperando força
nos debates sobre decrescimento e na busca de alternativas
profundamente transformadoras.

O pré-requisito inevitável, então, radica em dispor de
sistemas para desenvolver e se apropriar dos avanços da
ciência e da tecnologia, sistemas que se nutram de maneira
ativa e respeitosa dos saberes e conhecimentos ancestrais.
É preciso recuperar as práticas que perduram através dos
tempos, ou que podem ser aprendidas conhecendo-se sua
história. Estes casos são especialmente importantes, considerando que muitas destas experiências sobreviveram a

séculos de colonização e marginalização. Paralelamente, é pertinente aprender também com as histórias trágicas de culturas que, por diversas razões, desapareceram. Destas histórias fracassadas — incluindo seus próprios erros, agressões à Natureza, desigualdade, violência — e dos processos que ainda estão abertos pode-se obter elementos para construir soluções inovadoras diante dos atuais desafios sociais e ecológicos. Os conhecimentos ancestrais nos oferecem inúmeras lições. Tanto que muitos destes conhecimentos são aproveitados e patenteados por empresas transnacionais, sobretudo os produtos agrícolas andinos ou amazônicos.

A partir destas reflexões, adverte-se sobre a necessidade de reduzir as diversas formas de dependência existentes — nos campos da tecnologia, padrões de consumo, métodos de administração, sistemas de educação dos valores, normas, expectativas etc. — para enfrentar os graves problemas acumulados desde a época colonial. Uma transformação da modalidade de acumulação primário-exportadora é indispensável. Para obtê-la, é preciso desnudar as condições intrínsecas deste tipo de economia dependente. Assim será possível desenhar uma estratégia que permita, inclusive, aproveitar de maneira inteligente e responsável os recursos naturais como parte de um adequado planejamento que nos conduza a um esquema pós-extrativista.

Existem alternativas para sair do extrativismo, mas é preciso deixar claro que a saída não implica "mais extrativismo", tampouco suspender repentinamente todas as atividades extrativistas. São necessárias estratégias claras e sólidas que prevejam as transições necessárias para a superação paulatina do extrativismo.

2.2 Europa: crise, austeridade e modo de vida imperial

Diferentemente da América Latina, a Europa viveu um amplo processo de integração política sob as bênçãos do capitalismo financeiro. Como consequência, o continente passou por um aprisionamento (*lock-in*) neoliberal — uma institucionalidede difícil de modificar — que se sustenta durante a crise e que, ainda antes da recessão, assegurara os interesses e as lógicas das classes dominantes (Buckel & Fischer-Lescano, 2009).

Tudo isso, no entanto, vem se convertendo paulatinamente em um "constitucionalismo de crise europeu", cujo objetivo principal é conservar as constelações de poder, transportando-as ao capital industrial alemão e aos atores do mercado financeiro — inclusive na semiperiferia (Bieling, 2013; Konecny, 2012). A resposta quase inquestionável à crise tem sido mais crescimento econômico, supostamente baseado na competitividade a qualquer custo, mediante políticas monetaristas, acompanhadas por um desmonte do "Estado de bem-estar" social-democrata e por uma reforma trabalhista.

A forma político-social é uma "revolução passiva", no sentido de Gramsci, ou seja, mudanças sob o controle das forças dominantes. A justificativa desta revolução de austeridade sinaliza que os Estados e os consumidores gastam demais — o que é visto como o problema central.

2.2.1 Crise múltipla e "desvalorização interna"

Enquanto na América Latina existiam taxas relativamente altas de crescimento — quando os preços das matérias-primas estavam altos —, na Europa a crise se impôs em várias fases, mas não com a mesma intensidade em todos os lugares.[38] Inicialmente, houve insegurança; buscaram-se, então, respostas político-econômicas de inspiração keynesiana para salvar os bancos e conservar os empregos nos setores economicamente importantes e bem organizados, como a indústria automobilística. Em países como Alemanha e Áustria, estas tentativas alcançaram seus objetivos políticos: preservar os setores industriais e aprimorar a competitividade de seus produtos de exportação (Fundação Rosa Luxemburgo, 2009).

A economia política que inspira o governo alemão ampliou seu predomínio na Europa. Curiosamente — ou por essa mesma razão —, os elementos mais complexos da crise não se manifestaram no país, deslocando-se a outras regiões. O "merkelismo", como gestão de crise, configurou a imagem da chanceler Angela Merkel como alguém que paira acima da sociedade, o que fomenta

---

38 Utilizamos neste livro um conceito amplo de "crise", compreendendo-a como uma "crise múltipla" (Demirović *et al.*, 2011; Peters, 2014). No entanto, neste subcapítulo, nos concentraremos nas dimensões econômicas e financeiras mais propriamente ditas, que constituem o centro dos debates e das políticas atuais, pois afetam as condições e os modos de reprodução de atores que são capazes de se articular politicamente (Atzmüller *et al.*, 2013). Assim, segundo uma perspectiva econômica, e de maneira geral, podemos considerar a crise como momentos em que a acumulação capitalista sofre interrupções temporárias.

em amplos setores uma atitude passiva: quando os alemães apresentam suas exigências, o governo as seleciona e minimiza, assegurando, assim, seu poder político, em um processo que Sanders (2015) denomina "desmobilização assimétrica".[39]

Mais tarde, foram impostas políticas de austeridade neoliberais nos países altamente endividados do sul da Europa. O governo alemão e a Comissão Europeia se transformaram em seus principais promotores. Neste contexto, surgiu a chamada *troika*, composta pelo Fundo Monetário Internacional, pelo Banco Central Europeu e pela própria Comissão Europeia (Bsirske, 2012; Stützle, 2013; Bieling, 2013).

Recordemos que nos anos 1990 os países-membros da União Europeia assinaram o Pacto de Estabilidade e Crescimento. A introdução do Sistema Monetário Europeu, centralizado pelo euro, impossibilitou que as economias mais fracas do sul do continente aumentassem a competitividade de suas exportações por meio da desvalorização de suas moedas. A partir de então, a estratégia principal era endividar-se e fomentar a "desvalorização interna" (Marterbauer & Oberndorfer, 2014), ou seja, diminuir os custos de produção mediante o pagamento de baixos salários e o desmantelamento da seguridade social.

Não podemos esquecer que os países "mais avançados" do norte da Europa concederam polpudos empréstimos aos "menos avançados" do sul — os mediterrâneos —, o que serviu para que estes comprassem massivamente as mercadorias daqueles. A dívida dos "sulistas" aumentou exponencialmente, até que explodiu. E então estas nações

---

39 De alguma forma, isso também ocorre na América Latina quando se justifica mais e mais extrativismo com o argumento de que se requer recursos para as políticas sociais — que acabam produzindo efeitos clientelistas sobre a sociedade.

passaram a ser responsabilizadas por seu "consumo exorbitante", supostamente incompatível com suas condições econômicas. Alemanha, Áustria e Holanda ganharam dos dois lados: ao terem concedido empréstimos aos países do sul — com juros relativamente baixos, é verdade, mas cujos ganhos estão sendo colhidos agora, na hora da cobrança — e ao terem fornecido seus bens de consumo para atender a fabulosa demanda que se produziu nos vizinhos — exemplo de uma nova modalidade de intercâmbio desigual, do qual a Grécia é o exemplo mais patético.

Em 2011, no contexto do Pacto de Estabilidade e Crescimento da União Europeia, foram elaboradas as medidas conhecidas como Sixpack e Pacto do Euro (Konecny, 2012).[40] Tais políticas não conduziam a regular nem a reduzir ou contrair o mercado financeiro, mas sim a adquirir mais dívidas públicas para salvar os bancos, além de reduções salariais e uma maior desregulação dos mercados de trabalho — ou seja, para provocar os efeitos desejados em termos de competição, crescimento e estabilização. Em poucas palavras, quando a crise financeira e bancária tornou-se uma crise de endividamento dos Estados, estes propiciaram uma resolução que jogava todo o peso da recessão sobre os setores assalariados, aposentados e outros segmentos pobres das sociedades europeias, com impactos muito mais duros nos países mediterrâneos, como Portugal, Espanha e Grécia.

---

40 Sixpack é o nome que se deu a um conjunto de medidas legislativas aprovadas em dezembro de 2011 com vistas a combater o déficit público e os desequilíbrios macroeconômicos dos países-membros da União Europeia. Pacto do Euro foi um acordo ratificado em junho 2011 com o objetivo de enfrentar a crise da dívida dos países do bloco. Ambas as medidas se relacionam ao Pacto de Estabilidade e Crescimento. [N.E.]

A maneira escolhida pela Europa para enfrentar a crise pretendeu garantir — e aprofundar — a acumulação de capital, com fortes tendências à liberalização dos mercados, à privatização e à desregulação. Contudo, frações importantes do capital, especialmente do capital financeiro, ainda não superaram a crise. A estrutura centro-periferia pode ser observada na União Europeia até mesmo em termos de poder: ao centro, perdoam-se pecados que não são perdoados na periferia, em uma "crise da dívida" que os latino-americanos conhecem muito bem — e na qual o caso da Grécia é mais uma vez paradigmático.

Mas existem mudanças governamentais que causaram certo impacto sobre as instituições e os debates políticos europeus — na Grécia e em Portugal, por exemplo, e, em menor escala, na Espanha. Até agora, contudo, se deixamos de lado o Brexit e outras iniciativas de separação da União Europeia, como se acalenta em parte da sociedade espanhola e grega, não se questionam profundamente as constelações de poder da *troika* nem as restrições econômicas e políticas externas de qualquer alternativa (Schneider, 2016). Este questionamento de fundo seria precisamente a condição prévia fundamental para chegar a outras políticas orientadas ao enfrentamento da crise, com um horizonte de longo prazo. Isso implica construir uma concepção estratégica na qual se inscrevem maiores investimentos públicos e em setores socioecológicos, políticas de redistribuição dos de cima para os de baixo, um freio à financeirização, a introdução de novas jornadas de trabalho e muito mais.

O problema na Europa não é a dívida nem o euro, apenas. Os problemas têm a ver, por um lado, com a livre movimentação do capital, que permite aos atores financeiros poderosos atuar contra qualquer governo de esquerda; e, por outro, com a desindustrialização de certas regiões e a superindustrialização de outras, o que provoca desigualdade e dependência, além de uma incapacidade de superar as restrições econômicas externas para enfrentar o poder do capital transnacional ligado às relações de poder nacionais. Ademais, até agora os sindicatos dos países economicamente fortes, como Áustria e Alemanha, têm optado por um "corporativismo de competitividade" às custas de outras regiões e outros trabalhadores.

Neste sentido, as discussões atuais dentro da esquerda acerca de um "plano A" (democratizar a União Europeia) ou um "plano B" (abandonar o euro e até mesmo a União Europeia)[41] são insuficientes se não se consideram estas restrições estruturais (Schneider, 2016). Com o referendo que determinou o Brexit, constatamos que este tema tem sido promovido pelas forças mais conservadores, embora não possamos desconhecer as propostas similares aventadas por alguns setores da esquerda.

Até agora, na Europa, "estabilidade" significa estabilizar os preços, mas também aprofundar as políticas neoliberais. Tais pretensões se consolidarão ainda mais se os países europeus e americanos chegarem a um consenso sobre a assinatura do Acordo de Parceria Transatlântica de Comércio e Investimento, conhecido como TTIP por sua denominação em inglês: Transatlantic Trade and Investment Partnership.

Apesar de tudo, podemos falar de uma crise de hegemonia do capitalismo, que

---

41 Eis uma questão muito importante para a Europa e para países como o Equador, que perderam suas moedas nacionais. Sobre isso, pode-se consultar as reflexões de Schuldt & Acosta (2016), que propõem uma opção para recuperar espaços de soberania monetária, recolhendo valiosas propostas e discussões europeias.

está perdendo sua capacidade de convencer amplos setores da população. De fato, os projetos neoliberais impostos pela União Europeia, o monetarismo da União Econômica e Monetária, a liberalização dos mercados (inclusive o dos produtos financeiros) e a integração periférica do Leste Europeu e dos países do sul da Europa perderam grande parte de seus atrativos. (Marterbauer & Oberndorfer, 2014)[42]

Há um aspecto fundamental para a discussão que travamos aqui: além da crise econômica e financeira em sentido estrito, em termos mais amplos, como já dissemos, podemos perfeitamente falar de uma crise múltipla (Demirović *et al.*, 2011). Efetivamente, não existe apenas a crise socioecológica, mas também uma crise persistente da reprodução — relacionada, sobretudo, com a divisão do trabalho entre homens e mulheres. Como efeito das tendências a se cair em políticas autoritárias e debilitar a representação da população assalariada, também a democracia parlamentar atravessa momentos extremamente difíceis.

Esta situação crítica da representação política se manifesta no crescimento dos partidos políticos nacionalistas e de extrema direita em vários países europeus. Deve-se destacar, porém, que, nas eleições europeias de 2014, "nos países onde os partidos políticos se empenham de maneira crível em trabalhar por uma política econômica progressista coerente, o aumento da extrema direita foi mínimo" (Marterbauer & Oberndorfer, 2014). As eleições gregas de janeiro de 2015 confirmaram este fenômeno, embora logo depois o governo tenha se distanciado do que se poderia considerar uma "política progressista coerente". Demonstrou-se que, com o referendo grego que disse "não" à austeridade, mas que não foi implementado, o que

---

42 Sobre este tema, ver também Buckel & Fischer-Lescano (2009), Candeias (2011) e Sander (2015).

importa não é a vontade popular da periferia, mas a das elites do centro, simbolizadas pelo Eurogrupo.[43]

Em geral, a gestão da crise na Europa bloqueia as possibilidades de superá-la. As políticas de austeridade não são uma forma sólida de combatê-la, uma vez que produziram uma espécie de "estatismo autoritário de competição" (Oberndorfer, 2015).[44]

Desde meados de 2015, emerge uma nova dimensão nesta complexa e crítica situação europeia que domina, desde então, todas as discussões e práticas políticas e sociais do continente: a chegada dos refugiados da África e do Oriente Médio. Sabemos que, naquele ano, 1,3 milhão de refugiados pediram asilo político aos países da União Europeia — 480 mil deles, à Alemanha. Quase um milhão cruzou o Mar Mediterrâneo e 850 mil entraram pela Grécia. Trata-se de um fenômeno extremamente importante para as discussões sobre a crise do capitalismo e a busca de alternativas.

Depois da enorme onda de solidariedade em muitos países, que forçou governos a manter uma posição muito aberta — a famosa "cultura de boas-vindas" —,

---

43 Grupo informal criado em 1997 para reunir os ministros de Finanças da União Europeia, além de representantes da Comissão Europeia e do Banco Central Europeu, e que visa estreitar a coordenação das políticas econômicas dos países-membros e definir responsabilidades de cada Estado para com a estabilidade do euro. [N.E.]

44 Etienne Schneider (2016) vê uma saída para a crise na cooperação de possíveis governos de esquerda no sul da Europa contra a política de austeridade do governo alemão, com a perspectiva de uma desintegração cooperativa do euro. Atualmente, esta estratégia não se mostra possível, e pode inclusive implicar algumas desvantagens para as populações destes países. Ainda assim, esta perspectiva sublima a dicotomia problemática entre uma "ideia abstrata" de Europa e um "retorno ao Estado nacional".

a situação mudou no início de 2016. Desde antes, porém, a extrema direita, posicionada nos governos da Polônia e da Hungria, por exemplo, tratou de aproveitar-se da situação, criando um Outro ameaçador — os imigrantes — para consolidar suas bases ideológicas. Agora, esta tendência xenófoba se fortalece também em países mais ou menos abertos, como Alemanha, Áustria e Suécia. Uma das razões é o medo generalizado — alavancado também pelos resultados das políticas neoliberais de polarização, desemprego, precarização e receio perante o novo — provocado pela noção de que os refugiados chegaram para competir pelo mercado de trabalho, ou que representam um peso adicional para as finanças públicas, a moradia e os serviços sociais. Some-se a isso as ameaças "terroristas", que normalmente são apresentadas como um problema exógeno à Europa, e que encontra nos migrantes e refugiados seus atores diretos.[45]

O medo é um elemento que complica o momento de pensar em transformações sociais. Esse receio à diferença, como tem se observado ao longo da história, pode ser a origem deste renovado conservadorismo — ou fascismo.

Os governos não apenas restringem aos refugiados o direito ao asilo político e o acesso à infraestrutura social e à satisfação de suas necessidades básicas, mas também promovem cortes neoliberais nos sistemas sociais. Na Áustria, por exemplo, se produz um ataque aberto ao sistema de pensões desde que a direita conservadora neoliberal chegou ao poder em coalização com a extrema direita. Isso vai agudizar ainda mais a tendência xenófoba da população.

Em suma, a propósito do movimento dos refugiados, perde-se uma oportunidade histórica para repensar as sociedades europeias e seus modos de produção e de vida.

---

45 Sobre os recentes episódios de terrorismo na Europa, ver Gabriel Ferreira Zacarias. *No espelho do terror: jihad e espetáculo* (São Paulo: Elefante, 2018). [N.E.]

Não se observam as evidências claras de que a Europa está preparada para integrar pessoas que se viram forçadas a abandonar tudo o que tinham em seus países graças a guerras e heranças coloniais — das quais os países europeus também são responsáveis.

Outra dimensão da crise — embora não seja tão visível na Europa como em outros lugares do mundo devido ao uso de mecanismos de externalização — é a persistente crise ecológica. Neste campo, evidencia-se uma "crise de gestão da crise". A esta altura, está evidente que os acordos oriundos da Conferência das Nações Unidas sobre o Meio Ambiente e o Desenvolvimento, realizada no Rio de Janeiro em 1992, não funcionam. A ideia, especialmente a Convenção sobre Diversidade Biológica e a Convenção-Quadro sobre Mudanças Climáticas, era que os governos desenvolvessem um marco em que os atores sociais e econômicos pudessem se orientar à sustentabilidade. Esperava-se que empresas e consumidores, assim como povos indígenas, sintonizassem com os conceitos fundamentais destas convenções.

Tais aspirações se viram truncadas quando o crescimento e as novas tecnologias apareceram como os grandes temas para enfrentar a crise ecológica. O Protocolo de Kyoto, de 1997, com objetivos mais concretos para reduzir as emissões de gases causadores do efeito estufa, não estabeleceu instrumentos de sanção para os signatários que descumprissem pontos do acordo. Subestimaram-se as dinâmicas e os interesses não sustentáveis provenientes do modo de vida imperial, que analisaremos mais adiante, e que desataram as lógicas neoliberais de coisificação e mercantilização cada vez maiores da Natureza.

Em 1992, não se podia prever o surgimento espetacular dos países "emergentes", que teve início em meados dos anos 1990, com suas implicações para o consumo de recursos naturais, para os ecossistemas e suas capacidades de resiliência. A falha mais grave deste "gerenciamento de recursos globais" (*global resource management*), nos dizeres de Brand & Görg (2003), foi não tentar transformar o modo de produção e de vida. Pelo contrário, espera-se que, mediante sua "modernização ecológica", os problemas possam se resolver. O capital e as dinâmicas capitalistas não são vistos como um problema, mas como solução: um motor de mudanças.

Como analisaremos mais adiante, esta posição dominante de mercantilização e coisificação da Natureza se manteve durante a 21ª Conferência das Nações Unidas sobre as Mudanças Climáticas (COP21), realizada em Paris no final de 2015.

Vemos, pois, que a crise é efetivamente múltipla, e afeta as esferas econômica, política, social e até mesmo cultural. E isso não deveria surpreender. Não teria sido a própria expansão *ad infinitum* do capitalismo que, inclusive mediante guerras, produziu a crise civilizatória? Não é o capitalismo a causa de sua própria crise, e também de sua futura morte? E será que sua morte nos levará a uma catástrofe planetária, com o fim da espécie humana?

A partir da perspectiva do decrescimento, é totalmente pertinente questionar a expansão capitalista *ad infinitum*. Mas tal perspectiva não é nenhuma novidade. Como veremos mais adiante, ela tem história. Em um passado recente, surgiram enfoques similares, particularmente em épocas de crise (Markantonatou, 2013; Schmelzer & Passadakis, 2011). O debate atual surge de uma globalização capitalista eminentemente desigual no espaço e no tempo, e de um modo de produção e de vida baseado em energias fósseis, industrialização e crescente concentração de terras. O "debate do decrescimento" adquire mais importância a partir de 2008, quando esta forma de globalização capitalista desencadeia ou acentua uma crise profunda em muitas regiões do mundo.

A situação é tão difícil que pode, inclusive, gerar deslocamentos entre as diferentes dimensões da crise — fenômeno que se manifesta com maior claridade quando vemos que tanto neoliberais como keynesianos defendem a ideia do "crescimento sustentável", que praticamente não se questiona. Na palestra que ministrou durante a Conferência sobre o Decrescimento, em 2014, o cientista político grego Haris Konstantatos apresentou três possíveis caminhos para a Europa:

- O *business as usual*, ou seja, continuar com as políticas de austeridade;
- O "produtivismo progressista", que seria uma variante do mesmo modelo, mas favorecida por visões social-democratas; e
- A transformação socioecológica de alcance civilizatório (Brand & Wissen, 2015; Brand, 2016b).

2.2.2 Estabilização mediante o modo de vida imperial

A conservação e a expansão global de modos de vida imperiais, ou seja, a sustentação do *status quo* é possível em um momento de estabilização relativa e de consenso passivo em amplos setores da população (Brand & Wissen, 2012),[46] como ocorre atualmente. Na realidade,

46 Utilizamos o conceito de "modo de vida imperial" em um sentido amplo, que inclui a produção e o trabalho assalariado como as formas de reprodução individual e social, mediante trabalhos não assalariados, e o consumo de bens e serviços.

os modos de vida imperiais já eram parte da colonização desde o século XVI e também do sistema mundial do século XIX. Naquelas épocas, porém, se limitavam às classes superiores. Não alcançaram um nível hegemônico, pois não chegaram a determinar a reprodução da maioria da população e de suas práticas cotidianas. Foi apenas em meados do século XX que, mediante os modos de vida imperiais, as constelações capitalistas arraigaram-se na vida diária das pessoas do Norte global: os automóveis, o consumo de carne, os produtos industriais, casas unifamiliares etc. (Altvater, 1993; Mitchell, 2009). Pouco a pouco estes modos de vida passaram a ser vistos no Sul global — já não apenas entre as elites dominantes. De fato, o atrativo óbvio do modo de vida imperial para as classes médias é também um motivo de hegemonia do neoextrativismo, enquanto implica obter os recursos que permitam financiar tais estilos de vida.

O modo de vida do Norte global é "imperial", pois, assegurado por meios políticos — jurídicos ou violentos — e incentivado pelos interesses de acumulação do capital, pressupõe o acesso ilimitado a recursos naturais, espaço territorial e força de trabalho, e o descarte de rejeitos (*pollution sinks*) em outros lugares. Durante muito tempo, o desenvolvimento da produção e do bem-estar das metrópoles se baseava em uma ordem global de recursos altamente vantajosa para o centro do poder (Altvater, 1993), o que permitiu seu surgimento como potências, inclusive com alcance global.

O imenso crescimento econômico acionado pelo capitalismo levou à exploração em grande escala de recursos naturais fósseis, como o carvão e, mais tarde, o petróleo, e também à geração de "lixões" globais, como os oceanos. O importante era que existisse um permanente excedente de recursos naturais baratos nos mercados globais de matérias-primas minerais e de produtos agrários. O domínio militar e político dos diversos Estados imperiais do Ocidente e a competição entre eles provocaram uma constelação cambiante de conflitividade e estabilidade em nível político mundial. Isso se manifestou, também, no conflitivo acesso a recursos naturais baratos, como o petróleo.

No processo de globalização, o modo de vida imperial consolidou-se em duas direções. Por um lado, a exploração de recursos naturais globais e da força de trabalho reestruturou-se e intensificou-se por meio do mercado mundial. Assim, os padrões de produção e de consumo, baseados no uso de combustíveis fósseis, não apenas sobreviveram à crise econômica dos anos 1970, mas se intensificaram. Por outro lado, como consequência de sua liberalização, o tráfego aéreo cresceu dramaticamente. Nesse contexto, a globalização aumentou a disponibilidade de produtos industriais baratos e expandiu a agricultura industrializada. Simultaneamente, em países como China, Brasil ou Índia, formou-se um amplo estrato médio e alto que copiava os modos de vida "ocidentais".

Ao qualificar os modos de vida fordista e pós-fordista como "imperiais", não negamos nem menosprezamos as poderosas estruturas de violência aberta ou estrutural que voltaram a aflorar, especialmente depois do Onze de Setembro de 2001. Tampouco se trata de moralizar e reprovar de maneira "abstrata" os costumes de consumo e modo de vida dos setores assalariados das metrópoles capitalistas, e dos estratos médios e altos nos países (semi) periféricos. As brechas entre Norte e Sul, entre os de cima e os de baixo, entre exploradores e explorados, entre homens e mulheres, perduram e se reproduzem de maneira particular na extração massiva de recursos. De todas as formas, consideramos adequado o uso do termo "modo de vida imperial" para estabelecer uma relação entre as práticas de vida cotidianas, a crise ecológica, as crescentes brechas sociais e as progressivas tensões abertamente imperiais em nível político internacional, no marco de uma violência estrutural múltipla e cada vez mais explosiva.

O modo de vida imperial, como conceito, deve ser mais bem definido também em outro sentido. Devemos analisar, por exemplo, quais "proporções imperiais" têm as formas de dominação de classe, gênero e etnia, e quais são as contradições que surgem destas formas. Ainda assim, é importante não restringir a forma de vida imperial ao consumo. É preciso observá-la de maneira mais ampla, para que assim se possa analisar como as pessoas administram as múltiplas contradições que marcam suas vidas. Com o conceito de modo de vida imperial, não podemos esquecer que, hoje em dia, por meio das cadeias de valor agregado e seu benefício econômico, o capitalismo praticamente obriga a pessoa a levar determinados estilos de vida e a aceitar determinados esquemas de produção e distribuição de bens e serviços.

É necessário sinalizar que, agora, existem muitas alternativas que buscam romper com as exigências dos modos de vida predominantes na atualidade. E, finalmente, é indispensável estudar mais detalhadamente a pergunta sobre se as rupturas provocadas pela crise atual são mais amplas do que supomos até agora (Brand, 2015a).

Este aspecto é importante para a constelação atual, pois a normalidade do modo de vida imperial atua como filtro para a percepção e o manejo da crise. No Norte global, por exemplo, a crise ecológica vê-se majoritariamente como um problema ambiental — e não como uma crise social integral. Isso conduz a que, na gestão da crise, continuem predominando padrões de mercado, como a "economia verde", que abre as portas ao comércio de direitos de emissão na política climática. As pessoas que defendem uma modernização integral, um *green new deal* ou uma "economia verde", tampouco questionam a fundo esta situação (Lander, 2011; Moreno, 2013; Salleh, 2012; Brand & Lang, 2015).

Assim, o discurso reinante no Norte global reconhece a existência de uma crise ecológica, mas de uma maneira que não questiona os padrões produtivos e de consumo que a provocaram; pelo contrário, os conserva e eterniza, mediante sua modernização ecológica seletiva (Brand & Wissen, 2015).

2.2.3 O desperdício entre o negócio e a crise planetária

Este é um ponto que transcende os espaços do extrativismo no Sul global e da crise europeia. Como resultado do processo de crescimento e acumulação do capital, é cada vez mais impactante e inocultável a poluição da Terra, expressa, sobretudo, pelo crescente volume de todo tipo de lixo e rejeitos.

No âmbito do extrativismo, os volumes de destruição e contaminação já são monstruosos. Em 2015, por exemplo, para extrair 5,8 milhões de toneladas de cobre no Chile foram produzidas cerca de 750 milhões de toneladas de resíduos altamente contaminantes (Sernageomin, 2015). Recordemos que o cobre é obtido por meio de processos químicos. Esta quantidade inimaginável de rejeitos se deposita em grandes montanhas de escombros ou enormes tanques tóxicos, muitos deles sem "proprietário", ou seja, sem responsáveis, e cujos efeitos pesa por dezenas ou centenas de anos aos países extrativistas.

O desperdício, em termos mais amplos, que também se observa no gasto ou na produção excessiva de mercadorias, faz parte do motor do capitalismo. Pode parecer paradoxal, mas os rejeitos e o lixo são também objetos de acumulação do capital. Os negócios possibilitados pela reciclagem e pelo reúso de matérias-primas — ou, inclusive, pelo que é resgatado do lixo — são enormes. Tais negócios se multiplicam, e pouco têm a ver com o aproveitamento sustentável do desperdício. Além disso, frequentemente submetem os seres humanos e os territórios a condições de extrema precariedade. São negócios muitas vezes irregulares, que construíram uma espécie de economia criminosa, tanto pelas condições de saúde como pelo uso da violência imposta pela ilegalidade, pelo tráfico de pessoas, pelo trabalho infantil e pelas condições de trabalho subumanas.

O pivô deste processo — não esqueçamos — é a pressão pelo crescimento econômico incessante, incentivado pelas demandas de acumulação sem fim do capital. Um exemplo global de como o desperdício se converte em negócio é o processamento de combustíveis fósseis. Se queremos deixar de emitir gases causadores de efeito estufa, não podemos seguir consumindo petróleo, carvão ou gás. No entanto, ao invés de reduzir a produção e o consumo de combustíveis fósseis, surgiu um novo negócio em torno desse desperdício: o mercado de carbono (Lohman, 2012; Moreno, Speich & Fuhr, 2015).

Para continuar com esta reflexão, questionemo-nos sobre o que significa o desperdício no mundo em que vivemos. Em um trabalho notável, Jürgen Schuldt (2013) fala em "civilização do desperdício" e chama a atenção para o desperdício de dinheiro e de mercadorias nos processos de produção, consumo e comércio, e de "suas graves consequências econômicas, psicológicas, sociopolíticas, culturais, ambientais e éticas".

O planeta é visto como um reservatório inesgotável de

bens materiais: eis uma das mensagens do extrativismo. A esta conclusão também se pode chegar a partir da leitura crítica das políticas de *marketing* e da publicidade massiva e alienante, analisadas pela psicoeconomia, que descaradamente encorajam o consumismo e, como consequência, o desperdício. Parece que ainda não entendemos que o mundo tem limites biofísicos que já estão sendo ultrapassados, e que é impossível imaginarmos uma sociedade planetária em que todos os seus membros possam consumir como as elites mundiais.

Schuldt afirma que grande parte destes gastos exagerados e os crescentes desperdícios podem ser evitados. Vivemos uma situação indignante, diz, em que, "em um mundo globalizado, a abundância exagerada coexiste com a escassez extrema, e a riqueza incomensurável, com a pobreza abjeta". Em 2015, as 62 pessoas mais ricas do mundo possuíam a mesma riqueza que 3,6 bilhões de pessoas — ou seja, a metade mais pobre dos seres humanos. Em apenas cinco anos, a riqueza concentrada nas mãos destas 62 pessoas cresceu 44%, enquanto a riqueza distribuída entre a metade mais pobre da população mundial caiu 41%.

As tensões sobre os limitados recursos são um assunto ainda mais indignante, se considerarmos como funciona a obsolescência programada de muitos produtos e a crescente inutilidade de alguns deles, como ocorre com os telefones celulares "inteligentes" (*smartphones*): sua vida útil está determinada de antemão para assegurar uma crescente velocidade na circulação de sua mercantilização, o que demanda cada vez mais materiais; enquanto isso, a possibilidade de utilização plena da tecnologia disponível nestes aparatos de comunicação se torna uma quimera.

O modo de vida consumista e predatório — generalizado pelas elites do Norte e do Sul, e que guia os desejos de centenas de milhões de pessoas — está colocando em risco o equilíbrio ecológico global e marginalizando cada vez mais massas de seres humanos das (supostas) vantagens do tão ansiado progresso.

De acordo com a Organização das Nações Unidas para Alimentação e Agricultura (FAO), em um mundo onde a obesidade convive com a fome desperdiça-se ao ano mais de 1,3 bilhão de toneladas de alimentos perfeitamente comestíveis, que poderiam nutrir três bilhões de pessoas. Surpreendentemente, o desperdício se distribui de maneira bastante equilibrada: 670 milhões de toneladas nos países do Norte e 630 milhões nos países do Sul, incluindo os mais pobres. Cerca de 70% dos cereais que são negociados no mundo estão submetidos a lógicas especulativas. Produzem-se alimentos para os automóveis e não para os seres humanos: os chamados agrocombustíveis ou biocombustíveis. A busca desenfreada pelo lucro e a falta de infraestrutura faz com que, na Índia, por exemplo, um terço dos alimentos apodreça antes de chegar ao consumidor.

Cada vez se destinam mais e mais extensões de terra para uma agricultura fundamentada na monocultura, o que acarreta uma perda acelerada de biodiversidade. Os organismos geneticamente modificados e seus pacotes tecnológicos completam este cenário, que, desde o início do século XX, levou a uma redução de 75% na diversidade genética das plantas em todo o mundo. Atualmente, de acordo com dados do Ministério da Agricultura da Alemanha, 30% das sementes estão em risco de extinção, enquanto 75% da alimentação mundial é assegurada por apenas doze espécies vegetais e cinco animais. Apenas três espécies — arroz, milho e trigo — contribuem com 60% das calorias e proteínas que os seres humanos extraem das plantas. Apenas 4% das aproximadamente trezentas mil espécies de plantas conhecidas são utilizadas pelos seres humanos. Na Argentina, segundo Maristella Svampa (Brand, 2016c), 22 milhões dos 33 milhões de hectares disponíveis para a agricultura foram convertidos em cultivos de soja transgênica. Numa época como a nossa, em que a fome atinge cerca de um bilhão de pessoas em todo o mundo, vemos como os grandes conglomerados transnacionais da alimentação, tais quais a Bayer-Monsanto, continuam concentrando poder por meio do controle de sementes.

A água é outro patrimônio em risco, além de estar distribuída de maneira muito desigual pelo planeta e de estar sendo usada para fins cada vez mais injustificáveis. Jürgen Schuldt (2013, p. 37) é categórico sobre o desperdício da água, ao se referir ao

> tristemente conhecido uso exagerado da água, em que tubulações deterioradas não apenas apresentam vazamentos, mas são reflexos da atitude de muitas pessoas que deixam a água correr em demasia para regar o jardim, lavar a roupa e a louça e banhar-se. É óbvio que uma parte da água acaba se perdendo, embora em muitos casos possa ser reutilizada. [...] Estima-se que 85% da água de uso doméstico é desperdiçada em todo o mundo. No Peru, enquanto 30% das pessoas não têm acesso à água, há um desperdício de 40% — quando o "tolerável" mundialmente é de 20% — por falta de manutenção das redes. Os habitantes das zonas residenciais do país pagam 3,20 soles por metro cúbico de água, enquanto nos bairros da periferia o custo é de 33 soles — sem garantia nenhuma de "potabilidade".

Some-se a isso outros usos realmente insustentáveis e intoleráveis. O consumo exagerado e o desperdício de água, especialmente em atividades industriais, é gigantesco. Ainda assim, é preciso considerar o desperdício gerado pelos precários sistemas de distribuição. As atividades extrativistas — mineração, petróleo e monocultivos — são os grandes responsáveis pelas formas mais perversas de desperdício sistemático de água, graças à contaminação em grande escala das águas superficiais e subterrâneas, além da poluição massiva do ar e dos solos.

O que ocorre com os alimentos e com a água acontece com os medicamentos, com a energia, as vestimentas, o papel, o plástico, os produtos eletrônicos, os veículos, as construções etc. Toda esta composição de desperdícios é provocada pelo gasto exagerado e pela "capacidade ociosa de consumo", nas palavras de Jürgen Schuldt.[47] Nessa linha,

> para vislumbrar um panorama completo do lixo que se joga no mundo, pode ser útil ter uma ideia dos números. Em 2007, de acordo com a revista *Economist* (2008a), gerou-se globalmente 2,21 bilhões de toneladas de lixo (Medina, 2008). Grande parte disso — 26% em 2009 — veio de três países: Estados Unidos, China e Índia. De todo o lixo produzido no mundo em 2007, 566 milhões de toneladas correspondem aos países mais ricos, 986 milhões aos países de renda média, e 569 milhões aos países pobres. Os países mais desenvolvidos são os que produzem mais resíduos sólidos por habitante: 1,4 quilo *per capita*. Os países de renda média geram 800 gramas por pessoa por dia, e

47 Schuldt diferencia o subconsumo microeconômico relativo — que se refere ao desperdício de bens perecíveis, como alimentos, bebidas e medicamentos — da capacidade ociosa de consumo, que trata do desperdício de bens duráveis, como artefatos eletrônicos, maquinários, roupa e papel. Ainda assim, Schuldt aponta a existência de um subconsumo microeconômico absoluto em situações em que o ser humano não pode acessar estes bens por não gozar de poder de compra suficiente para adquiri-los ou porque não tem condições materiais (não financeiras) de consegui-los — por exemplo, um camponês removido de suas terras, ou populações ribeirinhas que perdem a capacidade de cultivar alimentos graças à contaminação do solo e da água —, o que provoca probreza extrema, desnutrição e doenças.

os países pobres, 600 gramas por pessoa por dia. (Schuldt, 2013, pp. 29-30)

Para além da noção de que o desperdício seja, em grande medida, natural ao capitalismo, o conceito do lixo revela a ruptura das relações entre as sociedades humanas e a Natureza. Esta ruptura se torna um problema maior com a industrialização e, pior ainda, atualmente, com a cibernética. Os aparelhos eletrônicos se tornam obsoletos em muito pouco tempo:

> o lixo eletrônico contém metais pesados e substâncias químicas tóxicas persistentes que não se degradam com facilidade no ambiente, entre os quais podemos identificar o chumbo, o mercúrio, o berílio e o cádmio. Como estes aparatos foram construídos com tais substâncias, não podem ser dispostos ou reciclados de uma maneira ambientalmente segura. (Frers, 2010)

O problema está no irrefreável processo de ruptura dos processos metabólicos. Os combustíveis fósseis e toda a organização social, econômica, política e cultural que se ergueu à sua volta têm um papel central devido à crescente geração de rejeitos que não são biodegradáveis. A acumulação de lixo está alterando não apenas a composição química do planeta, mas também sua geografia, com montanhas e ilhas de lixo: já se fala na existência de um "novo continente" graças à gigantesca mancha de detritos que flutua pelo Pacífico Norte, formada basicamente de plástico, e que tem uma extensão de setecentos mil quilômetros quadrados.

Schuldt (2013) traz algumas reflexões para compreender as causas desse processo, além de propostas urgentes em âmbito local, nacional e global que podem contribuir com a solução do problema. Não iremos detalhá-las aqui, pois não é nosso objetivo. Basta apontar que Schuldt elenca possibilidades de ação que possam

> encontrar novas formas de convivência humana com a Natureza, a partir da perspectiva da dinâmica específica da atual civilização, que não cobre as necessidades axiológicas e existenciais do ser humano, nem potencializa suas capacidades e realizações, ao mesmo tempo que desrespeita os Direitos da Natureza em um planeta cada vez menor, superexplorado e contaminado.

2.3 Alcances da COP21

Hoje, sem dúvida, a luta contra as mudanças climáticas é crucial para muita gente e muitas regiões que já estão sendo afetadas pelo aquecimento global. No médio prazo, será crucial também para grande parte da população global e inúmeras espécies animais e vegetais. As mudanças climáticas são um efeito direto do capitalismo industrial — e do socialismo realmente existente, que também tentou dominar e explorar a Natureza —, que se baseia na combustão de matéria-prima de origem fóssil, como ocorre em todo modo de vida imperial.

Em 1992, foi dado um passo político importante na luta contra o aquecimento global com o estabelecimento da Convenção-Quadro das Nações Unidas sobre Mudança do Clima, que, depois de ser ratificada por uma quantidade mínima de países, entrou em vigor em 1994. De acordo com o Protocolo de Kyoto, de 1997, os governos concordaram em reduzir as emissões globais em 5,2% entre 1990 e 2012. A redução nas emissões de seis gases causadores do efeito estufa deviam efetivar--se em 41 países industrializados, considerando que os países "em desenvolvimento" ainda podiam aumentar suas emissões.

Depois desse longo período de cúpulas e acordos, o que interessa é saber se as negociações — sobretudo as mais recentes — estão à altura dos problemas. À primeira vista, os resultados da COP21, realizada em 2015, em Paris, são importantes. Houve avanços. O documento final da conferência formula um objetivo bastante potente:

> Manter o aumento da temperatura média global bem abaixo dos dois graus Celsius acima dos níveis pré-industriais

e buscar esforços para limitar o aumento da temperatura a 1,5 grau Celsius acima dos níveis pré-industriais, reconhecendo que isso reduziria significativamente os riscos e impactos das mudanças climáticas.[48]

Os governos concordaram em estabelecer objetivos e medidas individuais: a famosa "contribuição nacionalmente determinada", que havia sido previamente anunciada. Apesar disso, a soma das contribuições por país não foi suficiente para obter o aumento "bem abaixo" de dois graus Celsius determinado pelo documento. Com os compromissos voluntários de redução de emissões de gases estufa apresentados em Paris, o aumento da temperatura chegou a ultrapassar os três graus Celsius.

Concretamente, para alcançar o 1,5 grau Celsius, as emissões líquidas de gases causadores do efeito estufa devem ser reduzidas a zero até os anos 2045 e 2060 (Rogelj, McCollum, Neill & Riahi, 2015). Para isso, seria necessário deixar a grande maioria dos combustíveis fósseis no subsolo.

Ademais, a atenção política global que se voltou à reunião de Paris abriu uma brecha muito necessária à discussão das políticas dominantes — como o extrativismo e a industrialização a qualquer custo em países como China e Alemanha. A COP21 era uma oportunidade de questionar a orientação geral das políticas para superar a crise econômica e financeira, pautadas por crescimento, crescimento e mais crescimento. Essa oportunidade foi perdida.

Poderiam tais resultados justificar tantas e tão intensas reações de alegria, ou as lágrimas com que foi recebido o Acordo de Paris?

---

[48] Convenção-Quadro das Nações Unidas sobre Mudança do Clima. *Adoção do Acordo de Paris*, 12 dez. 2015. Disponível em <https://nacoesunidas.org/wp-content/uploads/2016/04/Acordo-de-Paris.pdf>.

Recordemos que os esforços realizados desde a aprovação do Protocolo de Kyoto, em 1997, não cristalizaram respostas à altura dos graves problemas ambientais que afligem a humanidade. O fracasso da COP15, realizada em 2009, em Copenhague, na Dinamarca, já havia estabelecido um precedente muito desfavorável. O mal-estar e a desesperança limitaram o raio de ação das Nações Unidas. Foi nesse contexto que emergiu o Acordo de Paris: o resultado da COP21 foi comemorado porque se esperava muito pouco da conferência. Em Paris, que acabara de passar por um brutal atentado terrorista,[49] os 195 países-membros da Convenção-Quadro das Nações Unidas sobre Mudança do Clima e a União Europeia alcançaram um acordo sobre o aquecimento global que envolvia, na prática, a totalidade do planeta.

Antes de assumir a COP21 como um grande avanço político, porém, é recomendável conhecer melhor alguns detalhes do Acordo de Paris.

A primeira grande conclusão é que, apesar do resultado positivo — comparado aos fracassos anteriores —, se trata de um resultado muito tímido diante da magnitude do problema. As "contribuições" dos países não são suficientes nem existem mecanismos de sanção. Agora, toda a esperança política deseja ingenuamente que os governos atuem, que as elites nacionais compreendam os problemas e reajam e respeitem as regras com vistas a abandonar o uso de combustíveis fósseis. Espera-se que as contribuições voluntárias se

---

49 Os autores se referem aos atentados de 13 de novembro de 2015, quando três explosões e seis fuzilamentos em massa foram registrados em Paris e Saint-Denis. O ataque mais violento ocorreu no teatro Bataclan, onde 89 pessoas foram mortas. As ações foram reivindicadas pelo Estado Islâmico. [N.T.]

transformem em compromissos mais audaciosos ao serem revisados a cada cinco anos.

Mas há muitas dúvidas, sobretudo se analisamos de onde vieram os aplausos que saudaram o Acordo de Paris. Por que os grandes exportadores de petróleo e muitas empresas transnacionais comemoraram os resultados da COP21? Se tais atores celebraram o acordo, significa que, sem dúvida, os líderes reunidos em Paris não impuseram limites à civilização do petróleo, uma das maiores responsáveis pela catástrofe climática. Poderíamos raciocinar da mesma maneira diante da aprovação dos Estados Unidos e da China, que são os maiores emissores de gases causadores de efeito estufa.

O que podemos reconhecer é que estes países finalmente concordaram em alguns pontos sobre a situação do clima. E que, diferentemente do que ocorria na época do Protocolo de Kyoto, hoje em dia todos os países devem tomar medidas para combater o problema.

O Acordo de Paris tem ainda outras limitações e fraquezas, uma vez que suprimiu as referências aos Direitos Humanos e aos direitos dos povos indígenas. Tais referências foram relegadas ao "preâmbulo". Além disso, o termo "combustíveis fósseis" e as palavras "petróleo" e "carvão" sequer são citadas.

Os debates tampouco se aprofundaram em outros pontos sensíveis. Os negociadores se esforçaram para esquivar-se dos verdadeiros problemas. Os países mais poderosos e as grandes corporações transnacionais conseguiram que nenhum documento ou decisão afetasse seus interesses e se convertesse em obstáculo à lógica da acumulação de capital.

O Artigo 10 do Acordo de Paris diz que "acelerar, encorajar e possibilitar a inovação é fundamental para uma resposta eficaz, global e de longo prazo às mudanças climáticas e para promover o crescimento econômico e o desenvolvimento sustentável". Não se questionou em nenhum momento a perversidade do crescimento ilimitado, mesmo que já sejam evidentes e ferozes suas consequências socioambientais. Tampouco se reconheceu a histórica dívida climática — ou melhor, ecológica — dos países industrializados com o mundo subdesenvolvido. As grandes potências, Estados Unidos e União Europeia, não apenas desconhecem tal dívida, como fazem o possível para não aceitar suas responsabilidades históricas e atuais no desaparecimento dos glaciares, na elevação do nível dos oceanos e nos eventos climáticos extremos.

Como não se adotaram medidas drásticas que limitem e reduzam a oferta de combustíveis fósseis, assim como medidas que detenham o desmatamento, a temperatura da Terra, contrariamente ao que se proclamou em Paris, continuará subindo. Até porque não existem compromissos vinculantes para reduzir as emissões de gases estufa. Consequentemente, elas seguirão aumentando. Se os países não estão obrigados a cumprir os acordos de redução que apresentaram voluntariamente, não haverá sanções.

O Acordo de Paris tampouco fixa metas claras no que se refere ao limite das emissões, nem estabelece medidas a serem adotadas com a finalidade de descarbonizar a economia. Não há propostas concretas para combater os subsídios que incentivam o uso de combustíveis fósseis, ou para deixar no subsolo 80% de todas as reservas conhecidas de petróleo, gás e carvão, como recomendam os cientistas e até mesmo a Agência Internacional de Energia — entidade que está longe de ser considerada "ecologista".

Se, como já dissemos, não se questiona a "religião" do crescimento econômico, não se colocará em dúvida o sistema de comércio mundial, que esconde e, ademais, fomenta uma multiplicidade de graves problemas socioambientais. "O comércio internacional poderá seguir sem obstáculos, inclusive em um planeta morto", disse o economista e ambientalista francês Maxime Combes logo após o encerramento da COP21. Setores altamente contaminantes, como a aviação civil e o transporte marítimo, que acumulam cerca de 10% das emissões mundiais, ficaram isentos de qualquer compromisso. Os negociadores não querem questionar o dogma do livre comércio. Não se afetam as leis sacrossantas do mercado financeiro internacional, que, graças à especulação, sobretudo, constituem um motor de aceleração inclemente de todos os fluxos econômicos, para além da capacidade de resistência e resiliência da Terra. Não há compromissos para facilitar a transferência de tecnologias que possam ser empregadas na mitigação de emissões e na adaptação dos países empobrecidos às mudanças climáticas.

Para financiar todos esses esforços, o Acordo de Paris estabelece um fundo de cem bilhões de dólares anuais a partir de 2020 — uma quantidade minúscula diante do montante global de subsídios aos combustíveis fósseis, que superam os 800 bilhões de dólares anuais em todo o mundo. Tal fundo teria uma quantidade de recursos que, seguramente, serão menores que os recebidos pelos bancos nas crises recentes. Sabemos que este fundo, tal como está concebido, carece de previsibilidade e transparência. Por certo, o rigor dos compromissos muda segundo a situação dos países: tudo depende se são "desenvolvidos", "emergentes" ou "em desenvolvimento" — eufemismo pelo qual se conhecem as nações empobrecidas pelo próprio sistema capitalista e por sua inviável proposta de desenvolvimento.

Com esse tão celebrado acordo, abrem-se ainda mais as portas para impulsionar as falsas soluções da "economia verde", que se sustenta na contínua mercantilização da Natureza, ampliando-a. Assim, com a finalidade de equilibrar as emissões causadas pelos seres humanos, os países poderão compensar suas emissões por meio de mecanismos de mercado que envolvam florestas e oceanos, ou fomentando a geoengenharia, os métodos de captura e armazenagem de carbono, entre outros.

Por fim, o Acordo de Paris demorará ainda um tempo para entrar em vigor. As partes deveriam ratificá-lo até maio de 2017, para que o texto pudesse entrar em vigor em 2020. Uma primeira revisão dos resultados está prevista para 2023. Mas os resultados da COP22, realizada em novembro de 2016, em Marrakesh, no Marrocos, foram insatisfatórios para uma conferência que deveria cristalizar as já limitadas resoluções da COP21.

Se grande parte dos resultados da COP21 se inclinam a opções mais conservadoras e menos ambiciosas, quais são os desafios para as forças progressistas do planeta? Se os acordos climáticos anteriores jamais foram cumpridos, nada garante que estes o serão. O capitalismo só enxerga o curto prazo: a próxima assembleia de acionistas, as próximas eleições…

Mais uma vez, a pergunta "o que fazer?" exige novas e mais profundas reflexões. Deve ficar absolutamente claro, porém, que não existe uma contradição real entre os âmbitos social e ecológico. Temos que entender que sem justiça ecológica não há justiça social, e que sem justiça social não há justiça ecológica.

3 Elementos centrais do decrescimento

Depois de termos esboçado o contexto histórico e algumas características atuais da Europa e da América Latina — e do mundo —, passamos a definir os elementos centrais do debate sobre o decrescimento e o pós-extrativismo.

3.1 Considerações sobre a economia ecológica e a ecologia política

Muitos estudos já demonstraram as limitações do crescimento econômico.[50] Até mesmo o vencedor do Prêmio Nobel de Economia de 1998, Amartya Sen, que não questiona nem o mercado nem o capitalismo, brandiu espadas contra a noção de crescimento econômico como

---

50 Aqui destacamos alguns nomes e o ano de publicação de suas principais obras relacionadas ao tema: Kenneth Boulding (1966), Nicholas Georgescu-Roegen (1971), Mary Mellor (1993), Enrique Leff (1994; 2004; 2008; 2010), Herman Daly (1999), Ester Boserup (2007), Joan Martínez Alier (2008), Serge Latouche (2008; 2010), Tim Jackson (2009), José Manuel Naredo (2009), Ariel Salleh (2009), Adelheid Biesecker (2010), Clive Spash (2012), Niko Paech (2012) e Roefie Hueting, entre outros.

sinônimo de "desenvolvimento". Por isso, não surpreende que estejam crescendo aceleradamente as reivindicações por uma economia que não apenas supere o fetiche do crescimento econômico e se limite ao crescimento estacionário, mas que vá além, promovendo o decrescimento.

As reflexões sobre o decrescimento, de alguma forma, têm antecedentes nos trabalhos de John Stuart Mill, economista inglês que em 1848 — mesmo ano em que Karl Marx e Friedrich Engels publicaram *O manifesto comunista* — lançou um livro chamado *Princípios de economia política*, antecipando algumas ideias fundacionais do que hoje se conhece como "economia estacionária". Mill dizia o seguinte:

> Enquanto as inteligências forem primitivas e necessitarem de estímulos primitivos, que os tenham. Entrementes, os que não aceitam o estágio atual do aperfeiçoamento humano — ainda muito inicial — como o modelo último do mesmo podem ser escusados por se manterem relativamente indiferentes a esse tipo de progresso econômico, que desperta as congratulações dos políticos comuns e que consiste no simples aumento da produção e na acumulação de capital. [...] Não sei por que deveríamos felicitar-nos pelo fato de pessoas que já são mais ricas do que qualquer um necessita ser dobrarem seus recursos para consumir coisas que dão pouco ou nenhum prazer, a não ser o de serem sinais representativos de riqueza [...] É somente nos países atrasados que o aumento da produção ainda é uma meta importante; nos mais avançados, o que se necessita economicamente é de uma melhor distribuição, e para isso um meio indispensável é a limitação maior da população. [...]
>
> Não posso, portanto, considerar a condição estacionária do capital e da riqueza com essa aversão impassível, tão generalizadamente manifestada pelos economistas políticos da velha escola. Estou propenso a crer que essa condição estacionária seria, no conjunto, uma enorme melhoria da nossa condição atual. Confesso que não me encanta o ideal de vida defendido

por aqueles que pensam que o estado normal dos seres humanos é aquele de sempre lutar para progredir do ponto de vista econômico, que pensam que o atropelar e pisar os outros, o dar cotoveladas, e um andar sempre ao encalço do outro (características da vida social de hoje) são o destino mais desejável da espécie humana, quando na realidade não são outra coisa senão os sintomas desagradáveis de uma das fases do progresso industrial. [...] o melhor estado para a natureza humana é aquele em que, se por um lado ninguém é pobre, por outro lado ninguém deseja ser mais rico do que é, nem tem motivo algum para temer ser jogado para trás pelos esforços que outros fazem para avançar. (Mill, 1996, pp. 327-8)

Muitos anos depois, outros tipos de reflexões — ecológicas e sociais, sobretudo, sem esquecer das econômicas — foram incorporadas ao conceito.

Herman Daly (1999), economista que trabalhou no Banco Mundial, foi categórico ao dizer que a economia deve ser compreendida como um subconjunto do ecossistema, introduzindo assim aspectos ecológicos à discussão sobre o crescimento. Segundo Daly, a economia tem funcionado como uma "máquina idiota" (*idiot machine*), ou seja, como uma máquina que metaboliza os recursos naturais, os processa, esgota, descarta e contamina, e que deve extrair cada vez mais recursos para continuar funcionando. Esta é a lógica de acumulação do capitalismo. Se já existem muitas pessoas, sobretudo no Norte global, cujas necessidades estão saturadas com cada vez mais bens materiais, qual o propósito disso?

Portanto, propõe Daly, há dois limites bem identificados: o limite econômico e o ponto absoluto de saturação. John Maynard Keynes, outro economista notável, abordou este tema em 1930. Ele assegurava que chegaríamos ao limite absoluto de saturação, em termos de consumo, em 2030.[51] Estas e outras reflexões acalentaram, especialmente no Norte global, a urgência de se abrir espaço a uma economia de crescimento estacionário e, o quanto antes, ao decrescimento.

Tal debate pode ser complementado com a perspectiva da economia ecológica[52] e da ecologia política.[53]

Primeiramente, de mãos dadas com a ecologia política, podemos superar a dicotomia entre sociedade e economia, por um lado, e Natureza, por outro — separação que está presente em muitas linhas de pensamento, inclusive na economia ecológica. O conceito de "relações societais com a Natureza" (*gesellschaftliche Naturverhältnisse*, no original em alemão, empregado por Karl Marx em *O capital* e, depois, por Max Horkheimer e Theodor Adorno em *Dialética do esclarecimento*) indica que não é "a Natureza" em si que está em crise, mas as formas sociais — ou seja, a maneira como as pessoas se apropriam dos elementos múltiplos da Natureza. O problema enraíza-se em como estão organizadas as sociedades em seus processos de produção e consumo, isto é, em suas vidas nas cidades e no campo, suas moradias, seus sistemas de cultivo e fontes de alimentação, seus meios de transporte,

---

51 Em certos momentos duvidamos de que isso realmente aconteça, se consideramos o poder e a capacidade da propaganda e da publicidade para nos fazer acreditar que cada vez há mais necessidades, que se derivam das demandas de acumulação permanente de capital.

52 Spash (2012; 2016) oferece boas explicações sobre a economia ecológica.

53 Ver Bryant & Baley (1997), Alimonda (2002; 2011), Forsyth (2003), Whitehead *et al.* (2007), Robbins (2008), Mann (2009), Peet *et al.* (2011), Görg (2011), Brand & Wissen (2012), Perreault *et al.* (2015), Altvater (1993) e Foster (2000). Para uma perspectiva mais histórica da ecologia social, ver Haberl *et al.* (2011).

suas formas de comunicação, vestuário, saúde etc.

Em sociedades capitalistas, é normal apropriar-se da Natureza e transformá-la em mercadoria, elaborar uma divisão do trabalho entre classes, gêneros, etnias e, em escala internacional, sustentar e estabilizar relações de poder e dominação. Assim, as formas sociais de apropriação da Natureza apresentam muitas dimensões e, ao se multiplicarem e ampliarem desenfreadamente, estão provocando uma crise ecológica.

Em segundo lugar, a ecologia política insiste na necessidade de que a organização da sociedade e suas relações societais com a Natureza se estabilizem de alguma maneira. Isso implica questionar valores aparentemente fundamentais da civilização atual, como o sistema de mobilidade — o automóvel —, com toda sua infraestrutura e poder econômico, que serve como fonte de emprego. Esta civilização do automóvel requer suas próprias políticas estatais, justificáveis à medida que os imaginários de uma "vida boa" sugerem sempre a "necessidade de ter um carro". Assim, o imperativo do crescimento econômico se inscreve no cotidiano de muita gente, nos sistemas de produção e na divisão internacional do trabalho, incluindo o extrativismo.

Em muitos âmbitos, pode-se falar de certa colonização hegemônica. Esta visão consumista é amplamente aceita nas relações societais, mas esconde seus impactos danosos sobre a Natureza.

Contudo, é importante notar que estas formas de apropriação — muitas vezes brutal — dos elementos da Natureza despertam uma oposição cada vez maior da sociedade em todo o mundo. Visibilizar a conflitividade das relações societais com a Natureza, e a própria apropriação de elementos da Natureza como "recursos", é um aspecto central das lutas de resistência social analisadas pela ecologia política.

Embora amplos segmentos da população mundial não estejam dispostos a renunciar ao estilo de vida consumista, uma vez que o consideram uma grande conquista civilizatória, certos grupos humanos se negam a aceitar os princípios da "vida boa" capitalista — seja porque não desejam se tornar vítimas de tanta exploração e destruição, seja porque possuem outros valores e práticas. Eis o caso de muitos povos indígenas que enfrentam o extrativismo e defendem as visões de Bem Viver, sustentadas nas harmonias, ou de gente munida de consciência e práticas ecológicas nas cidades — consciência que pode ser observada em políticas públicas destinadas à promoção do transporte público e alternativo e da agroecologia, entre muitos outros exemplos.

Muitas vezes, esta crescente conflitividade é a base para "alternativas emancipadoras dentro do capitalismo", que, por certo, podem servir como suporte para superar o próprio capitalismo.[54]

Neste ponto, podemos incorporar as reflexões de Hartmut Rosa (2012), que, emanadas da teoria crítica, nos convidam a caminhar a um estado de "ressonância":

> Somos felizes quando sentimos que o mundo ressoa conosco: quando responde e vibra ao nosso contato. Vivenciamos este tipo de experiências quando interagimos com os demais, mas também graças à arte, à música, à natureza, ao oceano ou às montanhas — e, para muita gente, graças também à religião. [...] Mas, em cada caso, a ressonância apenas pode desenvolver-se quando gozamos do tempo necessário para que cada um possa estar à vontade com os lugares, com os livros e com

---

[54] Para uma tentativa de mapeamento global dos conflitos ambientais, ver Environmental Justice Organisations, Liabilities and Trade. Disponível em <http://www.ejolt.org>.

as pessoas. Assim, podemos reconquistar o mundo e obter uma vida melhor para todos.[55]

Em terceiro lugar, a economia ecológica normalmente considera o Estado como o ator que estabelece regras e pode promover, mediante políticas públicas, certos avanços à sustentabilidade. A ecologia política, de acordo com a versão de Antonio Gramsci e Nicos Poulantzas, possui uma perspectiva mais cética diante do Estado, considerado uma relação social que se entrelaça com as relações sociais dominantes — ou seja, capitalistas, patriarcais, racistas e neocoloniais. O Estado, ademais, assegura e modifica paulatinamente essas relações mediante conflitos múltiplos e permanentes.

A existência do Estado não se deve exclusiva e permanentemente ao capital e às classes dominantes. Em certos momentos históricos, se condensam as demandas das frações sociais oprimidas, como as lutas feministas e antirracistas, entre outras.[56] Entretanto, e segundo as relações de força e dos conflitos, o Estado trata de estabilizar os aspectos hegemônicos da realidade — ou seja, um modo de produção não sustentável. Isso não implica que o Estado não seja importante para as lutas emancipadoras e para as alternativas — pelo contrário —, mas não pode ser assumido como o único âmbito de

---

55 "Cuanto más rápido vivimos, menos tiempo tenemos", em *El Confidencial*, 17 mar. 2012. Disponível em <https://www.elconfidencial.com/alma-corazon-vida/2012-03-17/cuanto-mas-rapido-vivimos-menos-tiempo-tenemos_501839/>.

56 Para algumas contribuições notáveis ao desenvolvimento da teoria crítica do Estado, ver Poulantzas (1979), Hirsch (1997), Thwaites Rey (2007), Jessop (2007), Tapia (2010; 2011), Demirović (2011), Sauer & Wöhl (2011), Gallas *et al.* (2011), Brand (2012) e Prada (2015).

ação estratégica (Lang & Brand, 2015). É preciso analisar com cuidado, e em contexto histórico específico, as estruturas e ações do Estado e seus aparatos, que, longe de serem homogêneos, estão repletos de tensões e contradições.

Em quarto lugar, devem-se considerar os "limites da Natureza", uma vez que, a partir de um certo nível de degradação, a reprodução biofísica local, regional ou global não funciona mais. A ação dos seres humanos, organizados dentro das relações capitalistas de produção, causa secas ou inundações, reduz aceleradamente a fertilidade, produz uma série de contaminações cada vez mais nocivas, dá lugar à perda da biodiversidade, destroça os ecossistemas... Tudo isso nos está levando aos famosos "pontos de inflexão" (*tipping points*) do clima regional e global.

Apesar disso, acreditamos que não existem limites "objetivos" que possam ser determinados fisicamente. Hoje sabemos que o prognóstico do último pico do petróleo (*peak oil*) foi ao menos parcialmente superado pela exploração de petróleo "não convencional", extraído de solos de alcatrão por meio do *fracking* a um custo ecologicamente desastroso. Isso não implica que estejamos diante de recursos renováveis.

Como conclusão, temos que o crescimento — quer dizer, o imperativo capitalista de crescimento, com todas as suas implicações classistas, machistas, racistas e imperiais — não pode ser o motor da economia e, ainda menos, sua finalidade. Portanto, precisamos discutir o crescimento econômico de maneira séria e responsável no Norte global, compreendendo que já não basta defender o crescimento estacionário, e que o decrescimento das regiões industrializadas deverá ser acompanhado pelo pós-extrativismo nos países do Sul.

3.2 O decrescimento como opção, movimento e horizonte político em construção

A perspectiva do decrescimento é uma posição radical no debate sobre como administrar a crise e, em uma escala mais ampla, sobre como promover uma transformação socioecológica.[57] Ainda assim, consideramos que as estratégias da economia verde, do *green new deal* e as ecokeynesianas não supõem uma transformação socioecológica. Os conceitos ecokeynesianos veem o crescimento econômico como uma necessidade "qualitativa" ou "seletiva". Além disso, muitas perspectivas do ecossocialismo são limitadas, uma vez que não confrontam o utilitarismo e as bases antropocêntricas de suas propostas tradicionais.

Estas posições se opõem às estratégias autoritárias ou neoliberais do "tudo como sempre", que na Europa atualmente se aproximam de um "estatismo de competição autoritário". A intervenção de Haris Konstantatos durante a Conferência sobre o Decrescimento, como já mencionamos, definiu tais posições como uma espécie de "neoliberalismo agressivo" que pretende alcançar o crescimento econômico com uma permanente e crescente desvalorização da mão de obra e do meio ambiente: situação amplamente conhecida na América Latina, inclusive em países com governos que rechaçam o neoliberalismo.

Em um primeiro momento, como vimos, a

---

57 Neste livro, consideraremos os termos decrescimento e pós-crescimento como sinônimos, apesar de reconhecermos diferenças — não apenas semânticas — e de acreditarmos que a expressão "abandono do crescimento" é a que mais se aproxima à essência da ideia de decrescimento.

perspectiva do decrescimento foi acalentada por acadêmicos. Nos últimos anos, distintos movimentos sociais abraçaram a proposta. Geralmente, os movimentos não aderem de imediato ao decrescimento. Com suas lutas e reivindicações, porém, acabam adentrando as discussões político-conceituais sobre o tema — inicialmente, de maneira implícita; depois, e cada vez mais, de maneira explícita.

Exemplos disso são os movimentos de resistência contra os megaprojetos econômicos e de infraestrutura, como usinas hidrelétricas e grandes monocultivos, ou os movimentos favoráveis às "cidades em transição" (*transitions towns*) e ao "direito à cidade". Aqui surgem ações que defendem igualmente a democracia energética, a soberania alimentar e a justiça climática. Existe uma multiplicidade de enfoques econômicos alternativos concretos no âmbito comunitário — inclusive em níveis mais amplos, também globais. A partir dos conceitos do Bem Viver, sobretudo, se propõem alternativas para uma transformação civilizatória.

Na realidade, o decrescimento é uma dupla proposta. Por um lado, sugere uma mudança social integral e identifica o "imperativo do crescimento econômico capitalista" como problema fundamental. Por outro, busca contextualizar de maneira ampla e integral as diversas experiências concretas. Em alguns anos, talvez, o termo "decrescimento" desapareça, sendo substituído por conceitos como o Bem Viver, por exemplo. As problemáticas sociais e a busca de novas respostas continuarão existindo, mas com uma noção aglutinadora muito mais potente e com maior apelo do que o termo "decrescimento".

Temos que aceitar que não existe uma definição clara de decrescimento, mas reivindicações centrais a essa ideia, dentro das quais podemos observar tendências relacionadas com distintos interesses, posições políticas e estratégias de ação. Há, porém, uma essência emancipadora e transformadora, que pode variar ou deslocar-se no tempo.

Durante a Conferência sobre o Decrescimento, a maioria dos participantes desfiou críticas muito mais radicais ao capitalismo do que se poderia esperar de um encontro meramente acadêmico.

Portanto, cabe perguntar: quais são os diagnósticos fundamentais dos problemas da sociedade atual?[58]

Nossa crítica se dirige essencialmente à "fixação escalonada da modernidade capitalista" (Eversberg & Schmelzer, 2016) e às conseguintes respostas político--econômicas às crises atuais. Independentemente da origem das crises e do que tem sido feito para enfrentá-las — sejam políticas neoclássicas de austeridade ou políticas keynesianas de demanda e redistribuição —, a intenção é a mesma: reacelerar o "motor do crescimento", ao invés de pifá-lo, aumentando assim a competividade da economia.

Entretanto, o debate do decrescimento ou pós-crescimento sustenta que, em tempos de crises múltiplas e, sobretudo, em um capitalismo dominado pelo mercado financeiro, o crescimento é desestabilizador (Muraca, 2014). E tal desestabilização se intensifica pela maior produção de bens e serviços — em especial, bens de consumo rápido, não apenas perecíveis, mas de curta duração, devido à obsolescência programada. Isso porque para assegurar a produção são necessários mais recursos minerais, mais energia e mais produtos

---

58 Ver Jackson (2009), Latouche (2010), Schneider *et al.* (2010), Martínez Alier *et al.* (2010), Schmelzer & Passadakis (2011), Kallis (2011), Biesecker, Wichterich & Von Winterfeld (2012), Paech (2012; 2014), Demaria *et al.* (2013), Gabbert (2013), Muraca (2013b; 2014) e Brand (2014), com uma visão instrutiva sobre o pensamento do economista romeno Nicholas Georgescu-Roegen. Sobre a recepção do debate relativo ao decrescimento na América Latina, ver Gustavo Endara (2014).

agrícolas, que se obtêm exclusivamente através do mercado, cujo acesso, em tempos de crise, passa a ser cada vez mais conflituoso. Além disso, a mudança climática produz insegurança, aproximando os ecossistemas dos mencionados "pontos de inflexão" do clima local ou regional.

Os efeitos sociais do crescimento são avaliados detalhada e diversamente. Trazem consigo riscos e problemas à política em geral e à política da paz, riscos ecológicos e socioeconômicos, mas também individuais e psíquicos, impactando diretamente a vida de cada ser humano. Tais problemas e riscos são considerados os causadores da atual crise econômico-financeira e ecológica, de conflitos violentos e, inclusive, de guerras — ou invasões — provocadas pela disputa de recursos naturais e matérias-primas.

A pressão pela redução de direitos trabalhistas e a polarização social são outras consequências negativas de se compreender o "desenvolvimento" apenas como crescimento econômico. Aqui queremos nos referir à tese de Wilkinson & Pickett (2009), segundo a qual em países com grandes diferenças de renda os problemas sociais e de saúde são muito mais notórios do que em países com menores diferenças de renda, e "costumam se manifestar mais nos setores pobres das sociedades" (p. 35). O crescimento econômico agudiza os problemas sociais, pois, até mesmo em sociedades cujas necessidades básicas já estão atendidas, gera pressão, competição e consumismo. Portanto, para chegar a uma compreensão e a um conceito de qualidade de vida mais ampla e integral, justa e sustentável, as pessoas necessitam enxergar suas sociedades a partir de outra perspectiva.

O crescente consumo de bens vistos como símbolos de *status*, a competição desenfreada e o desperdício crescente, inclusive com a degradação das condições de vida das próximas gerações, aumentam as desigualdades.

Outra causa dos problemas atuais são os sujeitos ou

as formas de subjetivação predominantes. Sobre isso, destacamos a posição de Harald Welzer (2011). Usando o termo "infraestrutura mental", Welzer sustenta que o consumo está muito arraigado nas sociedades e que as mudanças sociais possuem uma dimensão psicológica, cultural e de hábito, como explica o sociólogo francês Pierre Bourdieu. O consumo exagerado dá sentido à vida de muitas pessoas. Contudo,

> não as deixa mais felizes. Pelo contrário, há sofrimento — estresse causado pelo consumo, estresse no tempo livre, falta de tempo, *burn-out*, obesidade. Consequentemente, a economia do crescimento — que é o fundo de tudo isso — não apenas assegura que as quantidades de produtos fabricados e vendidos cresçam de maneira permanente, mas também faz com que na vida prática este crescimento se vá convertendo em um fardo. A maior destruição produz a maior desgraça. (Welzer & Sommer, 2014, p. 21)

A capacidade da política para dirigir estes processos é muito limitada. Sabemos que a transformação de uma era expansiva em uma era de "modernidade redutiva" (Welzer & Sommer, 2014) sustentável é complexa e deve organizar-se de maneira pertinente.

Atualmente, um dos mais lúcidos pensadores latino--americanos, Enrique Leff (2008), recomenda transitar a outra forma de organização da produção e da própria sociedade, assumindo os riscos oriundos do processo. Para chegar lá, Leff pergunta e propõe:

> Como desativar um processo que tem em sua estrutura originária e em seu código genético um motor que o impulsiona a crescer ou morrer? Como levar a cabo tal propósito sem gerar como consequência uma recessão econômica com impactos socioambientais de alcance global e

planetário? [...] isto leva a uma estratégia de desconstrução e reconstrução, não para implodir o sistema, mas para reorganizar a produção, desvencilhar-se das engrenagens dos mecanismos de mercado, restaurar a matéria usada para reciclá-la e reordená-la em novos ciclos ecológicos. Neste sentido, a construção de uma racionalidade ambiental capaz de desconstruir a racionalidade econômica implica processos de reapropriação da natureza e reterritorialização das culturas.

Responder a este desafio é uma questão cada vez mais candente nos países industrializados — os maiores responsáveis pela crise ambiental global. Isso não significa que os países subdesenvolvidos tenham que se manter pobres como forma de evitar um descalabro ecológico planetário. Nada disso. O que as nações do Sul global devem fazer é não tentar repetir modos de vida social e ecologicamente insustentáveis, e, ao mesmo tempo, desmontar as estruturas e as práticas consumistas e produtivistas, sufocadoras da vida, oriundas do Norte. E tudo isso dando espaço a processos de equidade social, pois, como já afirmamos, a justiça ecológica não será alcançada sem justiça social, e vice-versa.

Consequentemente, nos países subdesenvolvidos, é igualmente urgente discutir com responsabilidade o pós-extrativismo e o crescimento econômico. Nesse sentido, inicialmente, é oportuno diferenciar o crescimento "bom" do crescimento "mau", ou seja, o crescimento que, em referência a Manfred Max Neef (2001), se define pelas correspondentes histórias naturais e sociais que o crescimento deixa para trás e pelo futuro que este crescimento pode antecipar.

Por um lado, os países empobrecidos e estruturalmente excluídos deverão buscar opções de vida digna e sustentável que não sejam uma reedição caricatural do modo de vida ocidental. Por outro lado, os países considerados desenvolvidos terão que resolver os crescentes problemas de inequidade internacional que provocaram ao longo de seu caminho ao "desenvolvimento" e, em especial, incorporar critérios de suficiência em suas sociedades ao invés de sustentar, às custas do resto da Humanidade, a lógica da eficiência — entendida como acumulação material permanente.

Os países materialmente ricos devem modificar seu modo de produção e de vida, que coloca em risco o equilíbrio ecológico mundial, pois, a partir desta perspectiva, também são, de alguma maneira, "subdesenvolvidos" ou "mal desenvolvidos" (Tortosa, 2011; Smith & Max-Neef, 2011). Para isso, terão que voltar atrás em grande parte do caminho que percorreram e retroceder no crescimento que obtiveram — e que não pode ser reproduzido em escala mundial. Ao mesmo tempo, devem assumir sua corresponsabilidade na restauração global dos danos ambientais que provocaram neste percurso. Em outras palavras, os países "desenvolvidos" devem pagar sua dívida ecológica — e, inclusive, sua dívida histórica — com os subdesenvolvidos.

Não se trata simplesmente de um débito climático. Estamos falando de uma dívida que encontra suas primeiras origens na espoliação colonial — a extração de recursos minerais ou o desmatamento maciço, por exemplo. Esta dívida se projeta no "intercâmbio ecologicamente desigual", assim como na "ocupação gratuita imperial do espaço ambiental" dos países empobrecidos graças ao estilo de vida predatório dos países industrializados.[59] Aqui podemos incorporar as pressões provo-

---

59 A lista dos autores e autoras latino-americanos que abordam este tema é muito grande. Além dos trabalhos de Eduardo Gudynas e Maristella Svampa, podemos mencionar contribuições de outros continentes, como Jorgenson

cadas sobre o meio ambiente pela exportação de recursos naturais provenientes dos países subdesenvolvidos — normalmente mal remuneradas e que tampouco incorporam ao preço de venda a perda de nutrientes do solo e de biodiversidade, por exemplo —, exacerbadas pelas crescentes exigências do pagamento da dívida externa e da proposta ultraliberal. A dívida ecológica cresce a partir de outra vertente inter-relacionada com o que foi dito anteriormente, na medida em que os países mais ricos ultrapassaram — e muito — os equilíbrios ambientais de seus territórios ao transferir poluição, resíduos e emissões a outras regiões do planeta, direta ou indiretamente, sem assumir nenhum tipo de responsabilidade por isso. E não podemos esquecer a biopirataria, impulsionada por várias corporações transnacionais que patenteiam em seus países de origem uma série de plantas — sobretudo as medicinais — e derivados animais, além dos conhecimentos indígenas. Por isso, também poderíamos afirmar que o intercâmbio comercial e financeiro não é apenas desigual, mas ecologicamente desequilibrado e causador de desequilíbrios.

É indispensável reavaliar a essência do crescimento econômico e os imperativos capitalistas que o impulsionam. Há formas de se "desenvolver as forças produtivas" em outra direção? A destruição que possibilita o crescimento econômico e a acumulação capitalista conduz a um caminho sem saída. A evolução alternativa deve ser repensada buscando e construindo alternativas holísticas e sistêmicas, moldadas pela vigência dos Direitos Humanos e dos Direitos da Natureza.

A perspectiva do decrescimento nos possibilita vislumbrar outras formas de produção e reprodução individuais e coletivas. Igualmente, nos convida a buscar outras formas

et al. (2005), Hornborg *et al.* (2007) e Roberts *et al.* (2009), além da obra de Joan Martínez Alier.

políticas e sociais que permitam viabilizar economias democráticas muito diferentes das dominantes, instando-nos, por exemplo, a trabalhar em um esquema que assegure trabalho digno e pleno emprego, sensibilizando-nos a enfrentar as tensões existentes entre os desejos de consumo e os requisitos da sustentabilidade.

Entretanto, além dos problemas assinalados — e que são frequentemente mencionados —, quais são as perspectivas políticas e sociais do decrescimento? Podemos definir o decrescimento como

> um projeto multifacetado que pretende mobilizar apoio para uma mudança de rumos, tanto no nível macro das instituições econômicas e políticas, quanto no nível micro dos valores e das aspirações individuais. Neste caminho, muitas pessoas verão sua renda e suas comodidades materiais diminuírem, mas o objetivo é que não encarem esta redução como uma perda de bem-estar. (Kallis, 2011)

Nesse processo, princípios normativos como a cooperação, a reciprocidade, a solidariedade e a justiça social são fundamentais. Assumir o decrescimento como horizonte político não é se regozijar com a crise ou satisfazer-se com o momento de decadência da produção industrial. Decrescimento não é sinônimo de crise — e não se pode utilizar a perspectiva do decrescimento como um disfarce à crise. O decrescimento é um processo que pretende construir formas de produção e de vida social e ecologicamente sustentáveis, justas e solidárias.

Para tanto, é preciso adotar uma perspectiva ampla que implique um "bem-estar que permita às pessoas levar uma vida boa, propiciar mais coesão social e experimentar mais prosperidade — tudo isso reduzindo o fardo material sobre o meio ambiente" (Jackson,

2009, p. 54). Não podemos, portanto, confiar no crescimento econômico sem fim, nem em soluções tecnológicas. O desenvolvimento da ciência e da técnica, assim como sua aplicação, parece abrir possibilidades infinitas, mas, por outro lado, o acesso a estas possibilidades tem se tornado cada vez mais difícil.

Para encontrar novos modos de vida, deve-se revitalizar a discussão política, atualmente ofuscada pela visão economicista-tecnicista relativa aos meios e aos fins. Ao endeusar a economia, o mercado, o produtivismo e o consumismo, abandonam-se muitos instrumentos não econômicos indispensáveis para a qualidade de vida. Acreditar que os problemas ambientais globais serão solucionados com medidas inspiradas nas lógicas de mercado é um erro que pode custar muito caro. Está cada vez mais nítido que as medidas mais efetivas para enfrentar a crise ecológica estão na regulação dos mercados, e não nas "leis" do capitalismo, como a "oferta e demanda". A solução dos problemas exige, portanto, uma abordagem interdisciplinar. Vivemos uma situação de complexidades múltiplas que não podem ser explicadas com versões lineares ou que identifiquem apenas uma causa às mazelas que nos afligem.

Um sistema econômico sustentável exige uma reforma ecotributária, o estabelecimento de limites para o consumo de recursos naturais e para as emissões de gases estufa, redução do consumismo e das desigualdades, redução da idade de aposentadoria, fortalecimento das capacidades e do capital sociais das pessoas, e apoio aos países do Sul em seus esforços para transformar as matrizes econômicas (Jakson, 2009; Martínez Alier *et al.*, 2010; Muraca, 2013a).

É indispensável notar que muitas visões de mundo centradas na busca por uma vida boa — como o Bem Viver, por exemplo — propõem mudanças profundas nos modos de vida vigentes, sobretudo entre as elites, idílio inalcançável para a esmagadora maioria dos seres humanos. Muito mais cedo do que se espera, teremos que priorizar uma situação de suficiência e plenitude (Schor, 2010), em que se busque apenas o necessário, ao invés de uma eficiência cada vez maior, sustentada sobre uma competividade incontrolável e um consumismo galopante, que colocam em risco as bases da sociedade e da sustentabilidade ambiental. Se decrescimento não é sinônimo de crise, Bem Viver não é sinônimo de opulência.[60] Seu *slogan* poderia ser "melhor com menos".

Niko Paech (2012, p. 120) advoga por padrões de abastecimento simples e autônomos e, consequentemente, por uma "subsistência criativa", pautados pela autoprodução e pelos usos comuns, com produtos que tenham uma vida útil maior. Nas empresas, podemos atenuar o imperativo do crescimento reduzindo os graus de especialização. Tudo isso deve conduzir a um menor consumo de "capital". Trata-se de produzir local e regionalmente, continua Paech (2013, p. 108), encurtando as cadeias de produção, gerando proximidade e confiança — "o que permite por si só obter capital com juros menores". Some-se a isso a redução e a redistribuição da jornada de trabalho. Como consequência

---

60 Há cada vez mais gente pensando e escrevendo sobre o Bem Viver na América Latina. Destacamos dois artigos publicados no livro *Bifurcación del Buen Vivir y el Sumak Kawsay* (Sumak, 2014), "Buen Vivir: sobre secuestros, domesticaciones, rescates y alternativas", de Eduardo Gudynas, e "Ecosofía andina: un paradigma alternativo de convivencia cósmica y de vida plena", de Josef Estermann. Recordamos também as ideias de Atawallpa Oviedo Freire no livro *Qué es el sumakawsay: más allá del socialismo y capitalismo* (Sumak, 2011); de Omar Felipe Giraldo em *Utopías en la era de la supervivencia: una interpretación del Buen Vivir* (Ítaca, 2014); e de Alberto Acosta em *O Bem Viver: uma oportunidade para imaginar outros mundos* (Elefante & Autonomia Literária, 2016).

dessa mudança de comportamento, os bens de consumo mais duráveis assumirão maior importância. Mas, para tanto, as pessoas precisam começar a "exercitar sua capacidade" de viver de maneira diferente, e os países devem "aprender a viver com o que temos — ou seja, pelos nossos e para os nossos", como propunha Aldo Ferrer (2002).

O decrescimento pode ser compreendido como instrumento contra a armadilha construída pelo consumismo exagerado e insustentável, ou como uma canalização do imaginário que busca superar as atuais circunstâncias. Como desafio sociocultural e não simplesmente econômico, portanto, o decrescimento pode contribuir com a descolonização do imaginário.[61]

As propostas para transformar a sociedade residem nos níveis estruturais e institucionais, nas relações de força, no imaginário e também nas práticas (Latouche, 2010; Muraca, 2014). As ideias de Welzer e do Projeto FuturZwei assinalam a necessidade de um novo paradigma social: uma oferta emocional, portadora de uma identidade sobre como queremos viver no futuro imediato e mediato (Thie, 2013).[62] Trata-se de uma "educação para o desejo" (Muraca, 2014), que permita encontrar respostas a um mal-estar comum e ao anseio de um relato positivo.

O debate sobre decrescimento tem a vantagem de repolitizar a brecha disponível para resolver a crise. Considerá-la estreita e limitada, como tem ocorrido, implica uma postura acrítica em relação à alegada necessidade de aumentar o crescimento e a competitividade. Por isso é que

---

61 Para mais detalhes sobre descolonização do imaginário, ver Muraca (2013), Kallis & March (2015) e D'Alisa, Demaria & Kallis (2015).

62 O Projeto FuturZwei propõe uma questão interessante: "Como enxergaremos no futuro — por exemplo, em 2050 — o que fizemos hoje para dar início a determinadas transformações?".

o decrescimento vai muito além do enfoque proposto pelo economista francês Thomas Piketty (2014), que tem recebido muito destaque, mas que está centrado apenas na política distributiva da riqueza material. Esta repolitização enfrenta o desânimo geral da população, em especial das gerações mais jovens, que cresceram sob regimes neoliberais ou que viveram sob a crise durante a maior parte de sua vida adulta. É preciso construir novos horizontes a serem alcançados com práticas alternativas. Assim, é indispensável criticar o suposto "autogoverno neoliberal", com toda a insegurança e a precariedade que acarreta à vida das pessoas. Para que seja transformadora, porém, esta crítica não pode questionar apenas o neoliberalismo: deve colocar em xeque também o capitalismo.

3.3 Ambivalências do decrescimento

É preciso abordar, agora, algumas ambivalências inerentes à perspectiva do decrescimento, como o conflito entre projetos concretos e uma visão social mais integral, a pouca ênfase em temas sociais e ambientais, e a organização do trabalho remunerado e das necessidades em uma sociedade do pós-crescimento.

Apesar de buscar uma perspectiva social integral — que, em um sentido mais amplo, abarque todos os modos de produção de vida —, o decrescimento se concentra em projetos mais concretos. Eis uma primeira ambivalência. Esta aproximação, sob as tendências sociais predominantes, não deve surpreender. Hans Thie (2014, p. 4) é preciso ao destacar que,

> além dos pioneiros e dos privilegiados que compreenderam o assunto, a economia do pós-crescimento só pode converter-se em uma visão forte se a liberdade de levar uma vida autônoma consiga espalhar-se por toda a sociedade. A traição individual ao crescimento (ou seja, a renúncia consciente a uma vida devoradora de recursos naturais) pode fortalecer-se e tornar-se mais política, sempre e quando assimile o que já existe como demanda humana: eliminar a necessidade existencial.

O mal-estar dos sindicatos (Bsirske, 2012; Reuter, 2014) e de muitas pessoas frente ao decrescimento é apoiado e fomentado, sobretudo, por estratos médios cosmopolitas que poderiam renunciar a certos confortos e integrar essa renúncia a suas pretensões e práticas políticas. Por isso dizem que, com o discurso sugestivo da "liberação da abundância", não se considera a pobreza, a marginalização, os temores e as humilhações reais a que muitas pessoas estão expostas. Dizem, inclusive, que se manteriam no "atraso" bilhões de habitantes do mundo empobrecido — contingente que incorpora cada vez mais pessoas do Norte global. Ademais, por mais que o crescimento promova instabilidade, as aspirações individuais de amplos setores da população estão relacionadas precisamente com "crescer".

"Crescer", nesta civilização de desigualdade, que é a civilização capitalista, é sinônimo de sucesso. Determinados produtos são valorizados justamente por serem caros, caso dos conhecidos "bens de Veblen" (*Veblen goods*),[63] que se assemelham ao "consumo conspícuo" (*conspicuous consumption*) ou "consumo ostentatório" cunhado pelo economista norte-americano Thorstein Veblen (1899) e analisado pelo britânico John Maynard Keynes (1930). Como demonstrou Raj Patel (2009), o preço nem sempre reflete a escassez ou a abundância de um produto.

Uma segunda ambivalência do decrescimento remete a questões relacionadas com a dominação (Brand, 2014). Observar os nichos e as práticas alternativas individuais pode ser politicamente motivante, porque não considera o contexto — normalmente desfavorável — a que cada cidadão está submetido. Contudo, é fundamental mudar o papel das condições macroestruturais socioeconômicas e políticas, socioestruturais, culturais e subjetivas, e inclusive os conceitos

---

63 Em economia, o termo "bens de Veblen" é utilizado para se referir a produtos de luxo — como certos tipos de joias, roupas, vinhos e automóveis — que se tornam atraentes devido a seu preço elevado, em uma aparente contradição com a "lei" da oferta e demanda. São bens desejáveis justamente por serem caros, tornando-se símbolo de *status*. Inversamente, uma redução dos preços diminuiria a procura de tais produtos por determinadas classes, desvalorizando-os. [N.T.]

predominantes das circunstâncias naturais e da Natureza.

O crescimento econômico exigido pelo capitalismo configura estruturas de propriedade e de classe — e suas consequentes dominação e opressão. Constitui ainda as relações de gênero, étnicas e internacionais, como a dominação da Natureza. Aqui aparece um ponto crucial: a dominação como elemento fundamental de uma sociedade de classes, sobre a base da sociedade privada. Qualquer alternativa deve considerar e transformar esta condição.

A política orientada ao Estado e aos partidos políticos, destinada a criar constelações de crescimento capitalistas politicamente convenientes, se deve a estruturas de poder sociais e socioecológicas, e é constituinte delas. O crescimento capitalista se baseia na competição entre diferentes espaços sociais, chamados "lugares de produção". Sob a globalização capitalista, os perfis e os contornos destes espaços sociais tendem a se destacar ainda mais.

Como assalariadas, as pessoas reconhecem e aceitam não apenas o crescimento capitalista, mas também as constelações de propriedade e dominação que o fundamentam. Marx & Engels (1989, p. 30) explicaram-no da seguinte maneira:

> O poder social, isto é, a força produtiva multiplicada que nasce da cooperação dos diversos indivíduos, condicionada pela divisão do trabalho, não é vista por esses indivíduos como sendo sua própria força conjugada, porque essa cooperação não é voluntária, mas sim natural; ela lhes aparece, ao contrário, como uma força estranha, situada fora deles, que não sabem de onde ela vem nem para onde vai, que, portanto, não podem mais dominar e que, inversamente, percorre agora uma série particular de fases e de estágios de desenvolvimento, tão independentes da vontade e da marcha da humanidade que na verdade é ela que dirige essa vontade e essa marcha da humanidade.

Foi a partir destas noções que Antonio Gramsci elaborou seu conceito de hegemonia. Segundo o marxista italiano, os elementos de consenso tanto materiais como ideológicos da dominação se estabilizam mediante "o sentido da razão cotidiana" (Gramsci, 2000), que aceita certas dimensões centrais do poder e da dominação social como inquestionáveis. Neste sentido, a hegemonia é uma prática material integral, ou seja, "as iniciativas cotidianas de muitos indivíduos e grupos sociais, que, em uma autossubmissão ativa aos costumes de grandes coletivos, aceitam a dominação" (Demirović, 1997, p. 257).

De acordo com a teoria da hegemonia, os indivíduos submetidos a tal dominação não concebem as constelações de poder sociais como tais, mas como uma força muda de circunstâncias anônimas, processos de avanço tecnológico, de mercados globais, produtivismo e globalização que praticamente estão fora de seu controle. Estas constelações são assumidas como parte de uma ordem natural. A maioria das pessoas possui pouca capacidade de ação e, menos ainda, compreensão — o que também explica sua inação. Além de garantir os níveis de vida, um dos motores de ação mais importante é a manutenção do *status* social, e ambos respaldam o modo de vida imperial. Eis aqui a base da cultura capitalista.

Para enfrentar o desafio, são necessários outros paradigmas, conceitos, teorias, indicadores e ferramentas, destinados a conceber e realizar essa nova forma de vida solidária, equilibrada e repleta de sentido entre indivíduos e coletividade, sociedade e Natureza. Vemos diariamente, em todo o planeta, muitíssimas e múltiplas práticas alternativas, sustentadas em outras visões de mundo, que surgem do cotidiano social e da prática política, mais que de alguma teoria. Aqui se encontra o grande potencial transformador.

Um ponto-chave é deseconomizar as áreas em que o

fetichismo capitalista tergiversou valores e princípios: por exemplo, toda a armadilha de conceitos referentes ao "capital humano" e ao "capital natural", intercambiáveis entre si ou com o capital financeiro, e considerados como objetos passíveis de amortização (Spash, 2012).

Outra ambivalência que deve ser mencionada se associa ao trabalho (remunerado), que até agora não se vincula substancialmente com o debate sobre o decrescimento (Reuter, 2010).[64] Em sociedades com produção capitalista, as maiorias não possuem meios de produção e não contam com recursos suficientes para que não tenham que vender a própria força de trabalho. Assim se reproduz o trabalho assalariado, que produz a mercadoria capitalista. Nisso tudo, a reprodução do trabalho assalariado e das próprias pessoas em suas diferentes fases de vida e em todas as classes sociais não apenas se baseia no salário, mas no trabalho doméstico e no cuidado, que, geralmente, são realizados pelas mulheres. Esse fenômeno é o resultado de uma assimetria nas relações de gênero, com a distinção social entre trabalho "remunerado" e "não remunerado" (Biesecker & Hofmeister, 2010; D'Alisa *et al.*, 2015). Assim, consideramos que a visão do decrescimento deveria concentrar-se mais na "acumulação no campo do trabalho de cuidado" (Dörre, Ehrlich & Haubner, 2014).

Causa estranheza a pouca importância que o decrescimento outorga ao trabalho — o que é surpreendente, pois as perspectivas de vida e emprego são fundamentais para colocar em prática outras formas de vida digna. Não se trata apenas de produzir menos, mas de produzir para viver bem. Se as coisas fossem colocadas em outros eixos, o trabalho contribuiria para a dignificação das pessoas.

Nesse contexto, teremos que pensar também em um processo de distribuição do trabalho assalariado, que está

---

64 Mahnkopf (2012) relaciona o decrescimento e a sociologia do trabalho.

cada vez mais escasso. Para isso, a redução do tempo de trabalho e sua redistribuição exigem redefinir coletivamente as necessidades axiológicas e existenciais do ser humano, com o objetivo de atender aos "satisfatores singulares" e aos "satisfatores sinérgicos",[65] ajustados às disponibilidades da economia e da Natureza. Portanto, mais uma vez, é indispensável construir alternativas transformadoras. Há que se modificar a visão equivocada de que as necessidades são infinitas, pois, como esclareceram Manfred Max Neef, Antonio Elizalde e Martín Hopenhayn (1986), as necessidades humanas são conhecidas, sempre as mesmas e constantes em qualquer tempo e cultura. O que muda são os satisfatores. Isso só será possível se se constroem sociedades calcadas sobre a igualdade, em que se introduzam, por meio de concertações democráticas, outros valores e práticas sociais — este processo estará vinculado, por certo, a uma nova forma de pensar e organizar a economia e a própria sociedade.

O debate ainda não determinou quais formas de trabalho e que setores devem ser fortalecidos de acordo com a perspectiva do decrescimento. Norbert Reuter, economista do Sindicato Unido do Setor de Serviços da Alemanha (Ver.di), advoga pela expansão dos serviços, uma vez que, em países como a Alemanha, costumam causar menos danos ao ambiente, sua produtividade aumenta lentamente e porque, ademais, em áreas como formação/capacitação, saúde, educação e atenção às pessoas, urgem políticas, incentivos, e instituições que propiciem uma ação diferente.

---

65 Os satisfatores não são objetos materiais, mas construções culturais que podem ou não envolver bens econômicos; variam com o tempo e a cultura — e permitem defini-la. Os bens mudam com os ciclos econômicos, com a moda, e podem ser conjunturais.

Consideramos pertinente observar as constelações atuais específicas no setor do trabalho, da distribuição do trabalho e da relação entre trabalho remunerado e outras formas de trabalho. O trabalho concreto está profundamente arraigado em diversas formas de dominação empresarial e social (de classe, de gênero, de raça), em políticas estatais, formas e visões de uma vida atrativa, e também nas diferentes subjetividades. Consequentemente, a reorganização do trabalho está estreitamente relacionada com a redistribuição do poder, da riqueza e da participação, assim como com a capacidade de ação social e política.

A redistribuição dos recursos naturais, da riqueza e da renda, com critérios de equidade, assim como a democratização do acesso a recursos econômicos, como o crédito, está na base das alternativas econômicas, ou seja, de uma economia solidária, incluindo cooperativas e economias comunitárias, autogeridas e públicas (Coraggio, 2011; Groll, 2013). As finanças devem apoiar o aparato produtivo, e não mais ser instrumentos de acumulação e concentração de riqueza — e, ainda menos, um alimento à especulação.

Um olhar às estruturas sociais de poder também nos permitiria compreender que, caso não sejam transformadas, uma economia que já não cresce poderia fortalecer tendências capitalistas monopolistas. Este é um tema que deve ser analisado com calma. O decrescimento por si não modifica as estruturas e as constelações de poder. Como observa Barbara Muraca (2014), é possível que estruturas com características fascistas e nacionalismos exacerbados se reproduzam em um contexto de decrescimento.

Uma das estratégias populares que aparecem no debate sobre o decrescimento é a desmonetarização da economia. Contudo, Exner (2014) explica que isso não será suficiente, ressaltando que as esferas e as constelações sociopolíticas também teriam que ser transformadas. Assim, a modificação do marco geral (Seidl & Zahrnt, 2010), tal como propaga a perspectiva do decrescimento em termos amplos, provavelmente não seja suficiente para alcançar os objetivos desejados.

Por último, assinalamos que o decrescimento é uma perspectiva de mudança fundamental das constelações de produção e de vida, das estruturas e dos dispositivos sociais correspondentes para alcançar uma visão de mundo como o Bem Viver, ou, mais precisamente, para criar as condições para um Bem Viver plural, posto que as ideias sobre o que é o Bem Viver continuarão divergindo — até porque seria um erro tentar alcançar ou impor uma definição única de Bem Viver.

Quais os caminhos e formas institucionalizadas aceitáveis e como estabelecer consensos sociais em torno deles? Como negociar as necessidades e maneiras de satisfazê-las? Como pessoas e grupos com outras visões de mundo seriam tratadas, e como fazer para que os princípios e as práticas do decrescimento e das novas formas de bem-estar não se tornem um paradigma repressivo? (Graefe, 2016). Com isso, chegamos aos processos de negociação social e às estruturas democráticas. E então vem a pergunta: quem se encarregará da tarefa?

Sem dúvida, uma sociedade em que o decrescimento ganha força é uma sociedade que minimiza a coerção e a violência. Certamente haverá tensões e conflitos entre as constelações de poder locais, regionais e nacionais. A questão é como conduzi-los em cada um desses espaços.

3.4 Decrescimento, uma perspectiva para o Sul global?

Está bastante clara a urgência de uma discussão séria e responsável sobre o decrescimento no Norte global — o crescimento estacionário, como dissemos, já não basta —, que deverá ser acompanhado pelo pós-extrativismo nos países do Sul.

Mas a Conferência sobre o Decrescimento realizada em Leipzig, em 2014, debateu se o conceito também poderia ser considerado uma alternativa ao Sul global. As respostas foram diversas, mas, em sua maioria, assumiu-se que o decrescimento não é uma tarefa apenas para o Norte.

Embora seja evidente que o imperativo capitalista do crescimento e a orientação clássica do "desenvolvimento" representam um problema também no Sul, o decrescimento ainda não adentrou os círculos da resistência e das alternativas. O intelectual indiano Ashish Kothari, cofundador da ONG Kalparvriksh, foi preciso ao assinalar que alguns termos "não servem para todo o mundo".

Durante a conferência em Leipzig, Beatriz Rodríguez-Labajos, pesquisadora da Universidad Autónoma de Barcelona e do grupo de estudos internacionais Ejolt, apresentou o resultado de uma pesquisa realizada no Equador, Uruguai, Quênia, Nigéria e África do Sul sobre se o decrescimento poderia ser encarado como uma perspectiva para o Sul global. Após o levantamento, Rodríguez-Labajos propõe outra terminologia e, sobretudo, outras estratégias e táticas que retomem as lutas e as práticas atuais. De maneira semelhante, Gudynas observa:

> As posturas sul-americanas coincidem [com a perspectiva do decrescimento] já que dirigem o olhar aos aspectos negativos do crescimento. Contudo, optam por separar o conceito do

crescimento da essência dos debates sobre o desenvolvimento. Sua perspectiva é a do não crescimento. E, efetivamente, nos modelos alternativos que atualmente estão sobre a mesa, não se deve entender o decrescimento de alguns setores como meta, mas como consequência da busca de qualidade socioambiental. (2012b, p. 15)

Ashish Kothari argumenta na mesma direção. Para as sociedades do Sul global, diz, o decrescimento ou pós-crescimento não é uma estratégia adequada, e o fundamental são os debates sobre bem-estar (estar bem ou bem viver ou viver bem). Por isso, é preferível o conceito de "democracia ecológica radical". Para compreendê-lo, é preciso considerar o contexto e as tendências que recentemente se observam na Índia, onde o crescimento induzido pelos mercados globais produziu poucos empregos formais de qualidade e empurrou centenas de milhões de pessoas à informalidade (Shrivastava & Kothari, 2012). É verdade que o país vem recebendo grandes obras de infraestrutura, grandes indústrias e centros comerciais,

> mas mais de dois terços da população indiana continua privada de uma ou mais necessidades básicas, como alimentação saudável, água e ar puro, moradia digna, saneamento básico e energia, oportunidades de formação, saúde ou sustento produtivo. (Kothari, 2014a)

O crescimento econômico é parcialmente responsável por tais resultados. O fetiche do crescimento e sua suposta virtude de combater a pobreza, continua Kothari, são uma das causas dos enormes problemas que enfrentamos. Uma estimativa do Banco Mundial (2013) diz que aproximadamente 5,7% do crescimento econômico se perde graças à destruição do meio ambiente, que, entre outros fatores, contribui para o crescimento real dos gastos com saúde. Sabemos bem que, se o cálculo do crescimento do PIB incluísse todos os problemas sociais e ambientais que acarreta, seria negativo.

Apesar disso, Kothari (2014b) assinala que a fixação dos indianos com o crescimento econômico não permite o surgimento de alternativas. Segundo ele, porém,

> o importante é conhecer a essência destas iniciativas e analisar se os valores que delas emergem podem oferecer um marco coesivo capaz de desafiar a visão e as práticas que atualmente dominam a mentalidade do desenvolvimento centrado no crescimento.

É a este marco que Kothari dá o nome de "democracia ecológica radical", com cinco elementos extremamente potentes, que deveríamos assumir como referências na construção de alternativas: sustentabilidade ecológica; bem-estar social e justiça social; democracia direta; democracia econômica; e conhecimentos comuns. O conceito de justiça ecológica poderia servir como referência para muitos debates.

4 Pós-extrativismo como condição para o Bem Viver

É urgente analisar a economia e a sociedade do crescimento. Precisamos desacelerar, modificando a economia e realizando uma transformação socioecológica que inclua mudanças profundas de imaginário e relações de poder; práticas econômicas, políticas e culturais diferentes; outras formas de processar os conflitos em diversos níveis, começando por limitar os interesses dominantes e seu poderio. Se a economia decresce, a única forma possível de produzir bem-estar é aplicando uma transformação profunda na distribuição de renda e nos padrões de consumo.

4.1 Bem Viver e pós-extrativismo

Como vimos, muitos pensadores no Norte global já demonstraram as limitações do crescimento econômico. Mas quais seriam os significados de tais limitações para os países do Sul? Neste ponto, as perguntas formuladas pelo pensador mexicano Enrique Leff (2008), que mencionamos na seção 3.2, são cruciais.

Para começar, ele propõe que

> não devemos pensar apenas em termos de decrescimento, mas de transição a uma economia sustentável. Esta não

poderia ser uma ecologização da racionalidade econômica existente, mas Outra Economia, fundada em outros princípios produtivos. O decrescimento implica a desconstrução da economia, ao mesmo tempo que se constrói uma nova racionalidade produtiva.

E então, pergunta:

Como desativar um processo que tem em sua estrutura originária e em seu código genético um motor que o impulsiona a crescer ou morrer?;
Como levar a cabo tal propósito sem gerar como consequência uma recessão econômica com impactos socioambientais de alcance global e planetário?

De uma forma ou de outra, se expande a construção de alternativas para gerar uma forma distinta de organização da reprodução e da própria sociedade. Precisamos de outra economia para outra civilização.

Para tanto, os novos motores da economia devem girar em torno da solidariedade, da reciprocidade, da complementariedade, das harmonias e da relacionalidade. Assim, de acordo com as reflexões de Leff, deve-se desconstruir a racionalidade capitalista e reconstruir alternativas para superar o capitalismo. Ao reconhecer e valorizar outros saberes e práticas, e ao reinterpretar socialmente a Natureza a partir de imaginários culturais, como os do Bem Viver e do *Sumak Kawsay*, se poderá construir essa nova racionalidade social, política, econômica e cultural indispensável para a transformação.

É preciso reorganizar a produção, desvincular-se da excessiva dominação dos mecanismos de mercado e restaurar a matéria utilizada para então reciclá-la e reordená-la em novos ciclos ecológicos. O mundo necessita também de uma racionalidade ambiental que desconstrua a irracionalidade econômica por meio da reapropriação da Natureza e da reterritorialização das culturas. As visões utilitaristas devem ceder espaço a outras aproximações, sustentadas nos Direitos da Natureza e, sempre, nos Direitos Humanos. Assim, o abastecimento das sociedades se transformará a partir destas novas e renovadas perspectivas de reprodução da vida: a moradia e o transporte, as cidades e o campo, o sistema de agricultura e alimentação, a educação e a saúde, a comunicação e o vestuário.

Existem na América Latina muitos conceitos de alternativas sistêmicas, mas decrescimento e pós-crescimento ainda não são parte substantiva deles. Há, contudo, outras opções. Especialmente nos países andinos, o Bem Viver ganha cada vez mais adeptos, tendo sido incorporado pelas constituições do Equador, em 2008, e da Bolívia, em 2009, juntamente com as noções de plurinacionalidade,[66] autonomia dos povos indígenas e direitos coletivos, entre outros avanços fundamentais. No caso equatoriano, a carta magna reconhece também os Direitos da Natureza.[67]

Por outro lado, em países como o Brasil, por exemplo, estas visões alternativas não se tornaram relevantes, e o conceito que melhor caracteriza a diversidade das resistências e alternativas é o da justiça ecológica.[68]

---

66 A discussão sobre plurinacionalidade é muito mais ampla na Bolívia do que no Equador. Destacamos as contribuições de Isabella Radhuber, Philipp Altmann, Aníbal Quijano, Boaventura de Sousa Santos e Raúl Prada Alcoreza.

67 Sobre o tema, citamos os trabalhos de Gudynas (2012a), Lang & Mokrani (2013), Villalba (2013) e Vega Ugalde (2014).

68 A literatura sobre as resistências aos extrativismos cresce e se diversifica continuamente. Destacamos o

Os principais debates passam pela soberania alimentar, o direito à cidade e à cidadania. Pouco a pouco, porém, os movimentos sociais vêm se relacionando e se aproximando dos paradigmas do Bem Viver.

Nesse contexto, emerge outro conceito que acarreta laços e vínculos sociopolíticos — o pós-extrativismo —, que nasce de uma dupla constelação: a exitosa mobilização contra o neoliberalismo e o questionamento ao neoextrativismo impulsionado tanto por governos abertamente neoliberais como pelos "progressistas". A tentativa de fortalecer e definir o pós-extrativismo é compreendida como a tentativa de criar as condições necessárias para que abordagens como o Bem Viver possam se cristalizar, oferecendo assim uma posição radical ao debate.

Antes de prosseguir, precisamos especificar os conteúdos do Bem Viver, pois estamos falando de um campo político e epistêmico muito controverso (Gabbert, 2012). Ainda não se pode afirmar que as atuais propostas de Bem Viver na América Latina estejam acompanhadas do decrescimento — no sentido da desmaterialização, da descoisificação, da descentralização e da desurbanização (Unceta, 2014; Acosta, 2014; Moreno, 2014). O Plano Nacional de Desenvolvimento do Equador, por exemplo, foi rebatizado como Plano do Bem Viver, propagando a necessidade de superar o extrativismo, mas na prática não leva esta proposta a cabo, nem no projeto nem na execução. Na realidade, os dez anos de governo de Rafael Correa (2007–2017) aprofundaram o extrativismo mais que os presidentes anteriores, abertamente neoliberais, com a promessa de supostamente, um dia, "abandonar o extrativismo".

> livro organizado por Maristella Svampa e Mirta Antonelli, *Minería transnacional, narrativas del desarrollo y resistencias sociales* (Biblos, 2009), e a obra coordenada por Tatiana Roa Avendaño e Luisa María Navas, *Extractivismo: conflictos y resistencias* (Censat Agua Viva & Amigos de la Tierra, 2014).

Quem critica o extrativismo sabe que essa modalidade de produção econômica significa maior dependência do mercado mundial, maior destruição das bases vitais ecológicas, externalização de gastos sociais e ecológicos e um crescente desprezo aos direitos das minorias sociais e políticas (Gudynas, 2012a; Lander, 2012; Svampa, 2012). Os diferentes tipos de extrativismo — mineração, monoculturas agroindustriais, petróleo etc. — conduzem a processos de transformação territorial que desembocam em um reordenamento de paisagens, constelações sociais e relações de trabalho, e que fragmentam o espaço. Algumas características destes processos são a modificação de fronteiras territoriais, os cercamentos (*enclosures*), a formação de encraves, a desdemocratização do acesso à Natureza e a destruição ambiental (Fairhead, Leach & Scoones, 2012; Peluso & Lund, 2011; Svampa, 2012; Unceta, 2014; Gudynas, 2016). Ainda assim, as legislações fiscais e ambientais, além das políticas de infraestrutura e fomento, se concentram em atividades extrativistas — geralmente sem a participação das populações que residem nas regiões afetadas (Svampa, 2012, p. 56). Apesar das constituições recém-aprovadas, tanto na Bolívia (Andreucci & Radhuber, 2015; CEDLA, 2014) como no Equador (Sacher & Acosta, 2012; Sacher, 2016) foram promulgadas leis de mineração pautadas pelos interesses dos investidores.

Os modos de vida, produção e consumo devoradores da Natureza no Norte e no Sul globais poderiam aumentar ainda mais o extrativismo, na medida em que fomentam um modelo social e de "desenvolvimento" baseado predominantemente na exploração de recursos e na concentração de renda, e originado na exportação de matéria-prima: uma realidade que acentua ainda mais a dependência da volatilidade dos preços e do poder oligopolista das empresas transnacionais.

As críticas e as resistências às práticas extrativistas se fazem sentir em todas as partes, sobretudo nas regiões onde se desenvolvem tais atividades. Contudo, muitas vezes, em outras regiões e em escala nacional, estas resistências e críticas são duramente reprimidas e invisibilizadas. Nos últimos anos, têm sido compreendidas como parte de um movimento pós-extrativista. Trata-se, em primeiro lugar, de colocar sobre a mesa as controvérsias e o preço que pagamos por continuar acalentando a modalidade de acumulação primário-exportadora (Lang & Mokrani, 2013), e, depois, de construir alternativas que permitam superar os extrativismos.

4.2 Elementos centrais do pós-extrativismo

De maneira análoga ao decrescimento, o pós-extrativismo não apenas critica a exploração de recursos naturais e os problemas socioeconômicos, políticos e ecológicos que acarreta, como sustenta que os processos atuais constituem modelos, conceitos e práticas de "desenvolvimento" que devem ser superados. Questiona a fé inquebrantável na Era Moderna e no progresso, na técnica, no paradigma do crescimento e na compreensão da Natureza como recurso disponível à exploração humana. Contraria os padrões de dominação autoritários e verticais e a assimetria dos mercados mundiais, e defende que a noção de desenvolvimento e suas práticas são uma criação imperial.

O pós-extrativismo contesta o dualismo entre "desenvolvimento" e "subdesenvolvimento", ricos e pobres, avançado e atrasado, civilizado e selvagem. Rompe com o conceito de "desenvolvimento", pensado de forma teleológica, ou seja, dirigido a um objetivo supostamente claro, que não dá espaço a alternativas. De fato, as categorias de "progresso" e "desenvolvimento" sintetizam a dominação e a submissão política e econômica global (Unceta, 2009).

Assim, em certo sentido, o pós-extrativismo coincide com o pós-desenvolvimento (Escobar, 1995; Esteva, 1995; Ziai, 2007). Não é um rechaço geral a toda forma de utilização ou apropriação social dos recursos naturais, mas à dominação e à destruição da Natureza, à marginalização e à exploração dos seres humanos, assim como às estruturas sociais locais e regionais que, motivadas pelo mercado global capitalista, favorecem a apropriação.

À crítica e ao rechaço à lógica instrumental e imperial europeia, soma-se a exigência de descolonizar o conhecimento e seus sistemas. A "epistemologia do Sul" (Sousa Santos, 2014) trata de mostrar que, implicitamente, o pensamento europeu considera que grande parte do mundo é "desordenado", deve ser explorado, reprimido e, finalmente, integrado à visão de mundo europeia — ou seja, "civilizada". A partir de uma "ecologia do conhecimento", porém, as diferentes formas de conhecimento poderiam reconhecer-se como igualmente importantes, e então serem convertidas em elementos de descolonização — ou, falando em termos de ciência e tecnologia, em uma coprodução de conhecimentos (Jasanoff, 2004).

O debate sobre pós-extrativismo parte da constatação de que vivemos uma crise universal da civilização, e não apenas uma crise econômica, financeira ou múltipla. Isso coincide com nossa hipótese inicial. Porém, não é fácil introduzir esta ideia no debate público ou no pensamento cotidiano da população latino-americana.

Há uma enorme ilusão sobre os benefícios oferecidos pelo "progresso" e pelo "desenvolvimento", mesmo que se tratem de enteléquias elaboradas com a finalidade de disfarçar a expansão capitalista. Portanto, é crucial assinalar as enormes implicações do neoextrativismo e de seu significado simbólico, com o qual se recolonizam não apenas novos territórios, mas também culturas e mentes.

Nos países andinos e amazônicos, especialmente na Bolívia e no Equador, contrariamente aos debates europeus sobre decrescimento, os movimentos radicais possibilitaram a ascensão de governos "progressistas" e a aprovação de novas constituições. Depois de um intenso processo de luta política e social, tais sociedades passaram por mudanças, mas, embora seus governantes tenham se convertido em meros modernizadores do capitalismo, ainda existe um potencial de superação das sociedades e das constelações de poder neoliberais, assim como das velhas construções sociopolíticas e culturais coloniais. As mobilizações sociais possibilitam transformações. Em certa medida, e guardadas as grandes e pequenas diferenças entre os países, esta experiência também se aplica a Venezuela, Argentina, Brasil, Chile e Uruguai.

Com as propostas do Bem Viver não se pretende "regressar" ao passado ou idealizar modos de vida indígenas ou comunitários. Busca-se reconhecer e respeitar os múltiplos conhecimentos, experiências e práticas de vida existentes na região. Na Bolívia, por exemplo, os *ayllus* revelam-se unidades de organização social fundamentais para a convivência nas comunidades indígenas — e também para organizar resistências e alternativas (Vega Camacho, 2013).[69]

O fato de os governos "progressistas" terem promovido um modelo de crescimento neoextrativista gerou novas mobilizações (Colectivo Voces de Alerta, 2011; Svampa, 2012; Acosta *et al.*, 2013; Klein, 2013; Endara, 2014; Lang *et al.*, 2015). Os exemplos mais emblemáticos são o conflito boliviano do Território Indígena e Parque Nacional Isiboro-Sécure (Tipnis), os protestos contra a Usina Hidrelétrica de Belo Monte, no Brasil, e o conflito em torno da expansão da mineração no Equador, mesmo país onde se assistiu ao fracasso da Iniciativa Yasuní-ITT.[70]

Tais lutas se relacionam diretamente com territórios específicos. Maristella Svampa introduziu o termo "guinada ecoterritorial" (*giro ecoterritorial*) para ressaltar que a América Latina está vivendo um processo de

---

69 Entende-se como *ayllu* o conjunto de famílias emparentadas por consanguinidade e afinidade.

70 Para mais detalhes sobre a Iniciativa Yasuní-ITT, ver ponto 4.3., adiante. [N.E.]

lutas por terra e territórios — e, consequentemente, por mais autonomia e autodeterminação, contra a marginalização social e a destruição do meio ambiente, e a favor da valorização do ser humano e da Natureza. As reivindicações mais importantes se referem à interrupção de megaprojetos e à participação da população afetada em sua elaboração.

Kristina Dietz (2014, p. 21) amplia ainda mais esta ideia:

> Um ponto comum entre as ações coletivas nas lutas sociais atuais costuma ser o "território", compreendido no sentido amplo da palavra. As lutas territoriais mostram quem exerce o poder político e econômico no território, com quais meios, legitimação e conceitos de organização social e cultural. As áreas rurais onde se amplia cada vez mais os cultivos de soja transgênica e a mineração, e onde a propriedade de terras se concentra em poucas mãos, ou os bairros urbanos (pobres) valorizados economicamente e controlados pelo Estado não são apenas unidades de administração territorial. São espaços onde a população luta por autonomia política, participação e reconhecimento, e por direitos fundamentais, como soberania alimentar e acesso à terra e à água. Poderíamos dizer que as lutas sociais atuais "por território" na América Latina aspiram a uma prática social democrática diferente, pois, ao ocupar terras com o objetivo de assegurar o acesso ou a redistribuição, ao bloquear ruas e estradas com o objetivo de evitar a instalação de uma mina, ao ocupar casas com o objetivo de assegurar moradia, não se trata somente de questões materiais, mas da criação de espaços que permitam a geração de novas alternativas de desenvolvimento.

O debate latino-americano distingue três formas de extrativismo: "predatório", que tem sido praticado na região; "sensato", que respeitaria certos padrões ecológicos e sociais, e seria colocado em prática na fase de transição pós-extrativista; e "indispensável", em que os critérios que o definem são objeto de uma negociação social (Gudynas, 2011, pp. 67-9). No caso do extrativismo "indispensável", não se trata realmente de extrativismo, mas de formas razoáveis de obtenção de recursos naturais, resultado de um consenso social e político. Em uma primeira fase, ao introduzir padrões sociais e ambientais, tecnologias modernas, compensações para a população afetada e outras medidas, a transição a uma economia pós-extrativista superaria o extrativismo "predatório" para conduzi-lo a uma versão "sensata". Isso permitiria reduzir a dependência das atividades extrativistas e, inclusive, ampliar a margem de ação do Estado a uma política econômica alternativa. A segunda fase se caracterizaria pela transição a uma economia em que a exploração maciça de recursos naturais fosse reduzida a um mínimo, a economia plural fosse reconhecida — incluindo formas solidárias e comunitárias —, a reforma agrária fosse realizada, tecnologias adaptadas fossem introduzidas e tributos e subsídios fossem reestruturados com critérios de equidade social e ecológica. Nos países andinos, se ampliariam, ademais, os Estados plurinacionais. Igualmente, se intensificariam as cooperações e integrações sobre as bases da solidariedade e do respeito mútuo em todo o continente latino-americano.

O fomento e o fortalecimento de modos de vida alternativos, baseados na justiça social e na sustentabilidade ecológica, requerem apoio político e institucional, e implicam uma aprendizagem. Não existe um plano infalível, mas ideias, visões e práticas de Bem Viver, que devem desenvolver-se e instrumentalizar-se de maneira não autoritária, considerando cada contexto concreto. O fato de não existir um plano infalível é uma das maiores potencialidades desta proposta, uma vez que nos liberta de aventuras dogmáticas e autoritárias impostas a partir de cima ou de fora.

A crise provocada pela superação dos limites da Natureza conduz necessariamente a questionamentos sobre a atual institucionalidade e organização sociopolítica, sem cair nas armadilhas de suas elaborações conceituais e teóricas, que apenas permitiriam sua modernização. Devemos ter em mente que,

> na crise ecológica, não apenas se sobrecarregam, distorcem, esgotam os recursos do ecossistema, mas também os "sistemas de funcionamento social"; em outras palavras, exige-se demasiado das formas institucionalizadas de regulação social; a sociedade se converte em um risco ecológico. (Becker, 2001, p. 8)

Tal risco amplifica as tendências excludentes e autoritárias, assim como as desigualdades, tão próprias do sistema capitalista: "um sistema de valores, um modelo de existência, uma civilização: a civilização da desigualdade", como dizia o economista austríaco Joseph Schumpeter.

Diante de tais desafios, aflora com força a necessidade de repensar a sustentabilidade em função de assegurar as condições biofísicas de todas as formas de vida e a resiliência da Natureza. Ou seja: é preciso conhecer as verdadeiras dimensões da sustentabilidade e assumir a limitada capacidade da Natureza para suportar perturbações, que não podem se subordinar às necessidades do ser humano. Para tanto, necessitamos de uma nova ética de organização da vida. Temos que reconhecer que o desenvolvimento convencional nos conduz por um caminho sem saída. Reconhecer que os limites da Natureza são cada vez mais perceptíveis e insustentáveis — e que nosso estilo de vida e a acumulação de capital estão constrangendo ainda mais esses limites — é o primeiro passo para impulsionar uma grande transformação.

Ao invés de manter o divórcio entre a Natureza e o ser humano, é preciso propiciar seu reencontro, reatar o elo que se desfez pela força de uma concepção de vida predatória e intolerável. Bruno Latour (2007, p. 8) diz que "a questão é sempre a de reatar o nó górdio, atravessando, tantas vezes quantas forem necessárias, o corte que separa os conhecimentos exatos e o exercício do poder, digamos, a natureza e a cultura".

O pensamento de Latour convida a profundos debates na antropologia sobre a divisão entre a Natureza (no singular) e as culturas (no plural). Unindo ambas, a política recobra uma renovada atualidade. A transformação civilizatória supõe a desmercantilização da Natureza como parte de um reencontro consciente com ela. Os habitantes das cidades devem compreender — sincera e profundamente, com todas as implicações desta compreensão — que a água, por exemplo, não vem do galão ou da torneira. Mais que isso, os objetivos econômicos devem respeitar o funcionamento dos sistemas naturais, sem perder de vista a dignidade humana e procurando assegurar qualidade de vida às pessoas.

Assim, a diversidade própria da sociedade irá construindo a liberdade, a equidade e a felicidade para todos e todas. A tarefa, concretamente, consiste em criar instituições e normas para desenvolver e consolidar uma democracia mais prolífica e radical. É a partir daqui que se deve construir uma transição pós-extrativista nos moldes de um processo de democracia sem fim, em que se conjugue reforma, transformação estrutural e rebeldia.

É preciso reverter o domínio capitalista atual e criar poder a partir dos interesses de toda a sociedade, assim como repensar o Estado a partir da dimensão comunitária, democratizando a democracia — ou seja, implementando uma democracia direta em todos os âmbitos possíveis da sociedade e possibilitando a intervenção direta da sociedade organizada. Tudo isso resulta na criação de espaços de autogestão. A solução não está no Estado, embora o Estado, desde que esteja controlado pela comunidade e não seja utilizado como ferramenta de dominação, possa contribuir à construção de uma sociedade não hierarquizada nem autoritária. Isso exigirá grande esforço e muita criatividade.

À diferença do debate europeu, na América Latina se fala muito pouco do consumo ou da conduta individual, embora surjam eventualmente críticas sobre o consumismo das novas classes médias urbanas. Em geral, porém, os modos de vida alternativos se concebem muito mais em nível social e coletivo, globalmente, e menos em escala individual.

Assim como o decrescimento, o pós-extrativismo implica grandes e amplas transformações sociais. O decrescimento se dedica mais ao debate ecológico, com um enfoque mais antropocêntrico (Escobar, 2015). Em ambos os debates, porém, o conceito de justiça ambiental é chave. O pós-extrativismo se concentra mais em criar condições e formas sociais de reprodução social integrais — incluindo aspectos econômicos e ambientais no âmbito "social" —, e nisso coincide bastante com as experiências latino-americanas e as perspectivas feministas do decrescimento.

Outros conceitos de Natureza, constelações naturais e Direitos da Natureza definem o caminho a ser percorrido para além do decrescimento. Questionam-se radicalmente as visões da modernidade capitalista com sua dicotomia entre sociedade e Natureza. Ainda assim, critica-se a submissão ao mercado mundial e a exploração da Natureza própria dos extrativismos, que implica sua superexploração dramática e até mesmo sua destruição.

A visão latino-americana classifica criticamente como eurocêntrica a mercantilização da Natureza, e abstrai suas qualidades concretas e suas condições de reprodução. A Natureza não é externa à sociedade, manipulável e divisível. Pelo contrário, trata-se de "compreender o ser humano como parte do tecido da vida" (Gudynas, 2012a, p. 26) e de valorizar a Natureza extra-humana, como propõe a ecologia política.

A perspectiva latino-americana aprecia, mais que o debate sobre o decrescimento, as experiências e os sentimentos. Esta diferença ocorre porque, na América Latina, os debates políticos são muito mais elaborados em relação à história da exploração dos recursos naturais e ao fato de que muitas pessoas sofrem na própria pele as consequências negativas dessas atividades. O valor que as constituições da Bolívia e do Equador dedicam à Natureza — embora apenas a equatoriana reconheça direitos à Natureza — também influencia essa equação. As cartas outorgam direitos não apenas a indivíduos, mas também direitos coletivos a grupos e comunidades, assim como a seres vivos não humanos, incluindo a Pacha Mama ou Mãe Terra.

Incentivados pelos movimentos de protesto indígena, importantes debates sobre interculturalidade surgiram nos países andinos. Contrariamente ao conceito liberal de multiculturalismo, a interculturalidade propõe um diálogo sobre alternativas ao desenvolvimento que valorizem por igual as diversas contribuições culturais, saberes ou conhecimentos capazes de transcender a modernidade ocidental.

Ao analisar as discussões sobre Bem Viver, pós-extrativismo ou alternativas ao desenvolvimento, vemos que elas insistem mais em questões de poder e dominação do que no debate sobre decrescimento. Isto se deve à história da região, pois a violência aberta e estrutural, a exclusão, a humilhação e as diferentes combinações de poder são muito mais destacadas na América Latina. No mundo latino-americano, as pessoas vivem essa violência todos os dias.

As abordagens que acabamos de assinalar nascem

das experiências de vida indígena e de conflitos territoriais. A pergunta é se estes debates podem ser aplicados a um continente como a Europa, onde os processos de urbanização estão muito avançados e muitas pessoas já perderam contato com a terra e o campo. Esta reflexão também é válida para o continente americano, onde o irrefreável processo de urbanização fez com que mais da metade da população já esteja morando em cidades.

4.3 Os limites da Iniciativa Yasuní-ITT, uma proposta revolucionária

A Amazônia equatoriana tem sido afetada há décadas por atividades petrolíferas. Sua biodiversidade — uma das mais ricas do planeta — se deteriora aceleradamente, e as populações indígenas em isolamento voluntário se veem obrigadas a sobreviver em territórios cada vez mais reduzidos, dentro das últimas áreas de floresta virgem. Como consequência, é entre eles — e também entre certos grupos de colonos — que se fortalece a oposição às atividades extrativistas na região.

Um dos marcos da resistência à expansão da indústria do petróleo na Amazônia equatoriana foi o processo movido na década de 1990 pelos moradores das localidades de Lago Agrio e Shushufindi contra a transnacional Texaco — que hoje se denomina Chevron.[71] Essa luta histórica possibilitou a elaboração de propostas alternativas, até que uma delas se tornasse internacionalmente conhecida: a Iniciativa Yasuní-ITT.[72]

---

71 Para uma reportagem sobre o tema em português, ver "Passado negro", em *Rolling Stone*, ed. 36, set. 2009. Disponível em <http://rollingstone.uol.com.br/edicao/36/passado-negro>. [N.E.]

72 A Iniciativa Yasuní-ITT desatou um interessante debate dentro e fora do Equador. De uma longa lista, destacamos as ideias de Martínez Alier (2007), Martínez (2009), Acosta, Gudynas, Martínez & Vogel (2009), Larrea (2009), Narváez (2009), Martínez & Acosta (2010), Martin (2010), Vogel (2010) e Acosta (2014). [Para uma descrição concisa sobre a Iniciativa Yasuní-ITT em seus primeiros anos, ver Tadeu Breda (2011). *O Equador é verde: Rafael Correa e os paradigmas do desenvolvimento*. São Paulo: Elefante, pp. 267-72. Disponível em <https://bit.ly/2MlAsOo> — N.E.]

Com 982 mil hectares, o Yasuní foi declarado parque nacional pelo governo equatoriano em 1979. Em 1989, a Organização das Nações Unidas para a Educação, a Ciência e a Cultura (Unesco) passou a considerá-lo como "reserva da biosfera". Esta área de 1,7 milhão de hectares é habitada por povos indígenas isolados e concentra uma das maiores taxas de biodiversidade em todo o planeta. Como destaca o Coletivo Yasunidos, criado em agosto de 2013 em defesa do parque nacional e da Iniciativa Yasuní-ITT, este pedaço da Amazônia equatoriana passou a representar princípios e valores essenciais para os seres humanos e não humanos, tornando-se símbolo do Bem Viver, da resistência ambientalista, da transição a um modelo socioeconômico compatível com a Natureza e com todos os animais, incluindo os seres humanos, e da utopia que conduz a outros estilos de vida; além disso, é o estandarte mundial para combater a mudança climática, deixando os combustíveis fósseis no subsolo.

Nascida no seio da sociedade civil muito antes de ter sido encampada pelo governo do Equador, em 2007, a Iniciativa Yasuní-ITT propunha manter intocadas as reservas de petróleo descobertas no parque nacional, baseando-se em quatro pilares: i) proteger o território e, com isso, a vida dos povos indígenas em isolamento voluntário; ii) conservar uma biodiversidade inigualável em todo o mundo; iii) combater o aquecimento global, evitando a emissão de 410 milhões de toneladas de CO_2 — quantidade que seria lançada à atmosfera se o petróleo fosse extraído e utilizado; e iv) dar o primeiro passo concreto em uma transição pós-petrolífera no Equador, provocando um efeito-demonstração em outras latitudes. Como um quinto pilar, poderíamos dizer que a Iniciativa Yasuní-ITT contribuiria para o esforço coletivo da Humanidade em encontrar respostas concretas aos graves problemas derivados das mudanças climáticas — e que se têm exacerbado nesta última fase de expansão do capital.

No início, o presidente equatoriano, Rafael Correa, aparentemente interessado em cumprir suas promessas de campanha, absorveu a Iniciativa Yasuní- ITT a seu governo, comprometendo-se a não explorar as reservas petrolíferas da região. Como contrapartida, o Estado equatoriano esperava receber uma contribuição financeira da comunidade internacional, que deveria então assumir uma responsabilidade compartilhada e diferenciada pela preservação da floresta. Não se tratava de uma compensação para continuar estimulando o desenvolvimentismo, como queria o governo do Equador. Esta iniciativa se inseria na construção do Bem Viver ou *Sumak Kawsay* como alternativa ao desenvolvimento, um primeiro passo para a concretização de um cenário que previa deter e reverter os graves desequilíbrios provocados pelo extrativismo e pelo crescimento econômico.

A ideia recebeu o apoio e o interesse de atores nacionais e internacionais, movimentos e governos de diversas regiões do mundo. Em meados de 2013, contudo, fracassou.[73] O presidente Rafael Correa cedeu às pressões das empresas petrolíferas e à necessidade de obter recursos econômicos para sustentar suas políticas desenvolvimentistas. Em março de 2016, conforme noticiou o jornal *El Comercio*, a estatal Petroamazonas iniciou a perfuração do primeiro poço de petróleo no bloco 43, localizado entre os rios Ishpingo, Tambococha e Tiputini (ITT), em parte localizados dentro da "zona intangível" do Parque Nacional Yasuní.

---

73 Logo depois de enterrar definitivamente a Iniciativa Yasuní-ITT, o governo do presidente Rafael Correa daria início a uma campanha pública contra a Chevron — "La mano sucia de Chevron" —, convidando jornalistas e celebridades internacionais para visitarem os danos ambientais causados pela empresa na Amazônia equatoriana, como as centenas de piscinas de petróleo abertas em meio à floresta. [N.E.]

O Equador perdeu, assim, uma oportunidade única e histórica que havia recebido amplo respaldo dos cidadãos, com centenas de milhares de assinaturas coletadas pelo Coletivo Yasunidos e outras organizações que solicitavam uma consulta para que o povo equatoriano — e não o governo — decidisse se o petróleo do Yasuní deveria ser extraído ou permanecer inexplorado. Cerca de 60% das adesões ao documento, porém, foram desconsideradas pelo Conselho Nacional Eleitoral, que não autorizou a realização do plebiscito.

Apesar da derrota, a luta contra a exploração de petróleo no parque nacional deixou uma valiosa lição: após ter elaborado a proposta da Iniciativa Yasuní-ITT, a sociedade civil não devia tê-la deixado nas mãos do governo; deveria tê-la impulsionado direta e ativamente, dentro e fora do país. Mas isso só aconteceu depois que o governo anunciou o fim das negociações em torno da iniciativa, em 2013. Só então o Coletivo Yasunidos tomou a frente da questão.

O fracasso desta iniciativa revolucionária demonstra que, para viabilizar as imensas transformações de que o mundo precisa, não basta simplesmente chegar ao poder institucional. O Estado não é o único nem o principal ator para viabilizar as mudanças estruturais necessárias ao pós-extrativismo. Da maneira como está concebido, o Estado apenas reproduz e consolida os mecanismos de dominação. Isso ocorre em praticamente todos os países. A grande transformação requer uma ampla colaboração de organizações políticas e movimentos sociais em todo o planeta. A luta local e nacional é fundamental, mas não terá maior relevância se não se começa a atuar também globalmente.

5 Pós-extrativismo e decrescimento: caminhos para uma aproximação

A ideia de "desenvolvimento" — e a necessidade de crescer e se desenvolver — estão muito arraigadas na América Latina. Mas é interessante notar que as críticas mais recentes a estes conceitos não se limitam a rechaçar o neoliberalismo cada vez mais autoritário que vivemos: expressam também a frustração pela incapacidade ou falta de vontade política dos "progressismos" em romper com o extrativismo (Zibechi, 2015; Machado & Zibechi, 2016).

Como já dissemos, decrescimento e pós-extrativismo compartilham uma profunda crítica ao capitalismo — especialmente à sua etapa neoliberal, que consiste na mercantilização cada vez maior das relações sociais e da Natureza — e concordam que um dos maiores desafios é combater as noções de "progresso", "desenvolvimento" e "crescimento", profundamente enraizadas em nossas sociedades. Decrescimento e pós-extrativismo consideram vários eixos de conflito para elaborar uma perspectiva social global, enxergando as desigualdades sociais e as questões ecológicas como um aspecto central da crise. Por isso, acreditam que a maioria das reservas de combustíveis fósseis atualmente conhecidas devem permanecer intocadas.

Pós-extrativismo e decrescimento se contrapõem a

várias forças progressistas — politicamente de esquerda e analiticamente críticas — e a visões diferenciadas de desenvolvimento e crescimento, como o "crescimento verde" e o "desenvolvimento sustentável", além de sublinharem a necessidade de distribuir não apenas a riqueza e a renda, mas também o poder. Assim, decrescimento e pós-extrativismo buscam superar o reducionismo dos debates econômicos e sociais progressistas, centrados na distribuição de renda, para elevá-los a uma discussão política estrutural. Neste sentido, pós-extrativismo e decrescimento se opõem às "falsas alternativas", ou seja, àquelas respostas demasiadamente ajustadas à política real e imediata, que se resignam a enxergar a realidade como algo dado e que dificilmente pode ser mudado.

A existência de uma ampla diversidade de imaginários e suas origens são fundamentais para compreender estes debates e também para propiciar uma grande transformação socioecológica que inclua mudanças políticas, econômicas, culturais e éticas. Esta diversidade exige forças sociais com intenção e vontade sinceras para imaginar e promover transformações transcendentais, e que gerem a massa crítica necessária para levá-las a cabo. É preciso aceitar a diversidade de objetivos e estratégias, mas sempre a partir de mínimos comuns: assim se poderá construir o maior número de acordos possíveis e desejáveis para avançar.

Nestes casos, como produto da experiência acumulada, temos de aceitar que não existem caminhos predeterminados ou indiscutíveis, assim como tampouco se pretende criar um plano infalível ou uma estratégia única. Todas as alianças, iniciativas e estratégias devem se fundamentar e se desenvolver considerando-se o contexto concreto correspondente, com a participação dos múltiplos sujeitos políticos portadores da mudança. Não deve emanar apenas do Estado, que, como sabemos, favorece a "ordem estabelecida". Este é um ponto muito importante.

A confiança nas instituições sociais e políticas existentes, como o Estado, o mercado e a opinião pública, deve ser escassa. Mas tanto o decrescimento como o pós-extrativismo são conscientes de que tais instituições — principalmente o Estado — são importantes para os processos de mudança e transformação. Algumas visões progressistas ainda consideram o Estado como motor central da mudança; aqui o consideramos uma estrutura estreitamente vinculada a um dos grandes problemas a serem superados: o modelo de desenvolvimento.

Tanto o decrescimento quanto o pós-extrativismo se referem ao conceito de bem-estar e a visões futuras que devem conduzir a uma maior participação política, a formas de produção que sejam social e ecologicamente compatíveis e a uma vida atrativa para todos os seres humanos. Para tanto, é preciso transformar as formas desestabilizadoras do crescimento capitalista e seus interesses. Só assim se poderá criar condições sociais que permitam desenvolver e viver sua individualidade em um contexto social solidário e comunitário — que é, precisamente, pré-requisito para tudo isso. Trata-se de uma tarefa demasiadamente complexa.

A visão de decrescimento proposta por Stephan Lorenz (2014, p. 72) se vincula diretamente ao pós-extrativismo, pois reforça a importância dos

> movimentos que buscam modelos de vida e bem-estar alternativos, que necessitem menos coisas e que, sobretudo, desenvolvam outra relação com as coisas. A finalidade e o objetivo não são apenas o "menos é mais". [...] De acordo com os novos conceitos de abundância e bem-estar, será mais difícil separar trabalho e consumo, produção e uso.

Embora haja muitas diferenças entre as perspectivas de decrescimento e pós-extrativismo, ambas as visões carregam uma forte e contundente crítica ao conhecimento e às ciências predominantes, dirigidas particularmente à economia ambiental neoclássica, e também às teorias keynesianas e às teorias do desenvolvimento, filhas da colonialidade.

5.1 Diálogos e experiências transnacionais

Como este é um livro que pretende estimular o debate, assinalaremos a seguir alguns aspectos que talvez permitam relacionar e motivar um diálogo entre o decrescimento e o pós-extrativismo. Por isso, tentamos trazer ideias inovadoras e algumas sugestões.

O pós-extrativismo destaca, com maior clareza que as visões sobre o decrescimento, os mecanismos destruidores do capitalismo pós-colonial, patriarcal e hierárquico. Isso tem a ver com o fato de que as experiências e vivências do mercado global, das políticas de dominação, das dinâmicas da mercantilização e da opressão estão mais presentes nos países do Sul. O debate latino-americano se dedica obviamente muito mais aos problemas que afetam a região, e que estão estreitamente relacionados com os modos de vida e produção capitalistas, cujas origens coloniais são explícitas e que não implicam apenas sistemas de produção e consumo específicos, mas estruturas de poder sobre os seres humanos e a Natureza. A visão do pós-extrativismo parte de uma compreensão mais fundamental e holística do capitalismo, de cuja fonte a perspectiva do decrescimento poderia obter muito mais proveito.

O debate sobre as "alternativas ao desenvolvimento", como marco central do pós-extrativismo, constitui uma crítica integral ao conceito de desenvolvimento e de progresso, assim como de suas práticas. Nasce no Sul global e,

> portanto, tem uma posição especial no interior da visão do pós-crescimento, uma vez que leva em conta aspectos como a pobreza, as desigualdades e os problemas

> ambientais que afligem as sociedades do Sul. [...] A noção
> de desenvolvimento produz uma análise da expansão da
> economia baseada no crescimento (incluindo os modelos
> extrativistas atuais) a partir do ponto de vista do Sul global,
> cujo encontro com a globalização econômica moderna tem
> sido muitas vezes mediado pela política de desenvolvimento.
> (Hollender, 2015, p. 74)

A crítica ao neoextrativismo está estreitamente vinculada com o questionamento das estruturas de poder e dominação, com as quais determinadas formas de apropriação da Natureza se arraigam e se impõem.

Aqui podemos resgatar as ideias de Schneider, Kallis & Martínez Alier (2010, p. 511), quando afirmam que o decrescimento é uma "transição voluntária, limpa e equitativa a um regime de menor produção e consumo". De acordo com a experiência latino-americana, os defensores do pós-extrativismo responderiam que os aspectos "voluntário" e "limpo" dessa transição talvez subestimem as realidades do poder estabelecido, das estruturas sociais e dos dispositivos e interesses opostos. Na América Latina, os conflitos têm contornos e perfis muito mais claros. O decrescimento também intervém em constelações de poder social e político, mas deveria fazê-lo de maneira mais explícita, reconhecendo que a disputa por poder não é "limpa" e que os poderosos não renunciarão a seus privilégios de maneira "voluntária".

Assim como a crítica da dominação, a perspectiva da emancipação tampouco está suficientemente desenvolvida. O decrescimento parece apenas advertir as sociedades sobre os danos e os desastres ainda maiores a que estão sujeitas se não passarem por transformações. Por isso, Niko Paech (2013, p. 228) assinala que esta perspectiva não faz mais do que indicar como "organizar o colapso". Apesar disso, vale a pena assinalar que visões libertadoras e críticas da dominação também estiveram presentes na Conferência de Leipzig (Eversberg & Schmelzer, 2016).

Como já dissemos, o conceito de território, como estrutura social altamente complexa, tem um papel mais contundente — para não dizer fundamental — nos debates sobre as alternativas ao neoextrativismo. A crítica à noção racionalista e dicotomizante ocidental da Natureza e das constelações naturais separadas da "civilização" pode ser uma importante inspiração para o decrescimento. De fato, tal perspectiva não apresenta propriamente uma novidade; até agora, porém, tem sido pouco comum. Também já vimos que a disciplina científica da economia ecológica tem maior influência na Europa. Em geral, considera que a economia forma parte da sociedade, e ambas são parte da Natureza, mas, apesar disso, se submete a uma visão dicotômica entre sociedade e Natureza. Portanto, o debate sobre o decrescimento deve e pode integrar muito mais aspectos dos Direitos da Natureza.

Se a proposta é superar a exploração da Natureza em função da acumulação do capital, porém, deverá igualmente abandonar a exploração do ser humano. Ao mesmo tempo, será necessário reconhecer que os seres humanos não são indivíduos isolados que formam parte de uma comunidade, mas que "somos comunidade", e que estas comunidades, povos, nações e países também deveriam se relacionar harmonicamente.

A realização, a reprodução e a criação contínua do âmbito comunal e comunitário configura um horizonte de pensamento e ação local, nacional, regional e até mesmo global. Este duplo encontro — com a Natureza e com a comunidade, sem negar os alcances emancipatórios da individualidade — nos insta a dar o passo civilizatório que exige a vigência plena dos Direitos Humanos em estreita comunhão com os Direitos da Natureza.

O pós-extrativismo está altamente sensibilizado a respeito das diferentes formas de conhecimento e racionalidades que podem existir nas comunidades espalhadas pelo planeta. Esta diversidade também se concretiza no discurso, no necessário diálogo entre estas formas de conhecimento e na correspondente democratização do conhecimento. Para isso, faltam espaços para intercambiar experiências. Na América Latina há inúmeras práticas de vida comunitária e diversos modos de vida — um fato inquestionável, mas que não deve ser idealizado. Para conceitualizar a interação entre as diferentes formas de produção e de vida, os pensadores bolivianos René Zavaleta (2009) e Luis Tapia (2010) utilizaram o termo *sociedad abigarrada*.[74]

Como já dissemos, o termo "decrescimento" é pouco atrativo para as sociedades do Sul global — e até mesmo para as do Norte. Conceitos como Bem Viver, *ubuntu* e *swaraj* ou democracia ecológica radical costumam ser mais atrativos na América Latina, na África e na Índia, respectivamente (Kothari, Demaria & Acosta, 2015). Não bastam os conceitos como pós-desenvolvimento ou pós-extrativismo. Os prefixos "pós" são insuficientes, pois apenas se referem ao que não se quer mais, sem oferecer caminhos a serem trilhados. Como afirma Koldo Unceta (2014a; 2014b), o prefixo "pós" configura um conceito-bomba, uma vez que sugere uma visão destrutiva, negativa, e não construtiva e afirmativa.

Como também já dissemos, a perspectiva do

---

74 O dicionário da Real Academia Española de la Lengua define a palavra *abigarrado* como "de várias cores, especialmente se estão mal combinadas" ou "heterogêneo, reunido sem harmonia". O termo carrega o sentido de amalgamado, sincrético, mesclado, misturado, multifacetado, composto por distintas partes, mas que mantém a singularidade ou especificidade de cada um dos componentes que se mescla. [N.T.]

decrescimento considera as formas concretas de trabalho e divisão social do trabalho, mas não mais que o debate sobre pós-extrativismo, em que tais temas se manifestam particularmente como crítica da divisão internacional do trabalho — em que os países "subdesenvolvidos" exportam Natureza e os "desenvolvidos" importam Natureza. Um dos motivos pode ser que, por um lado, o pós-extrativismo se concentra mais nos movimentos de resistência e, por outro, está também marcado pelo enfoque do pós-desenvolvimento, que critica os discursos dominantes, mas não questiona os subentendidos.

Um aspecto que o pós-extrativismo praticamente deixa de lado é que os estratos médios latino-americanos aspiram de maneira permanente ao modo de vida imperial. Isso faz com que seja complexo criticá-lo, uma vez que, embora seja inalcançável para a grande maioria da população, o modo de vida imperial se mostra atrativo e avança cada vez mais. Esta forma de vida implica não apenas determinadas formas de produção e consumo, mas também certas subjetividades e aspirações. Não se trata apenas de uma crítica ao consumo: vai muito além disso.[75] Lessenich (2014) sustenta que a subjetivização e as formas específicas de conhecimento dos defensores das sociedades do crescimento são precisamente a origem dos problemas que hoje enfrentamos. O conceito de "infraestrutura mental" de Welzer, que citamos na seção 3.2 deste livro, descreve uma situação similar.

Falta agora proceder à análise das propostas mais concretas sobre como abordar uma transição a partir das empresas. Os trabalhos de Paech (2012) e Felber (2012; 2014) analisam de maneira detalhada o setor

---

75 Lorenz (2014, p. 46) adverte que as atuais críticas ao crescimento centram-se demasiadamente no consumo e subestimam aspectos relacionados à produção.

empresarial e as possíveis formas de organização empresarial alternativas. O debate do pós-extrativismo retoma as posições, as reivindicações e as experiências de uma economia plural, mas, embora disponha de um amplíssimo repertório teórico, ainda conta com poucos casos concretos. Por isso é tão importante considerar os valores, as experiências e as práticas civilizatórias alternativas oferecidas pelo *Sumak Kawsay* ou *Suma Qamaña* das comunidades andinas e amazônicas. As opções socioeconômicas existentes, com um profundo significado cultural, são múltiplas (Acosta, 2013).

No âmbito econômico, existem muitas práticas de reciprocidade, solidariedade e correspondência no saber andino e amazônico, que se encontram vivas de diversas formas no desenvolvimento social. Aqui, sem nenhuma intenção de esgotar as discussões ou insinuar que estas formas produtivas devem se aplicar a todo tipo de situação econômica, ainda menos do dia para a noite, poderíamos mencionar algumas formas de relacionamento econômico próprias das comunidades indígenas:

- *Minka* ou *minga*: é uma instituição de ajuda recíproca no âmbito comunitário. Assegura o trabalho destinado ao bem comum da população. Realiza-se para satisfazer as necessidades e os interesses coletivos da comunidade. Por exemplo, na execução de obras como a construção e a manutenção de caminhos ou canais de regadio. Portanto, é um mecanismo de trabalho coletivo que permite superar e enfrentar o esquecimento e a exclusão dessas populações pelo sistema colonial e republicano. Ademais, esta instituição ajuda as comunidades a potencializar sua produção, estimular o trabalho e fomentar a poupança. A *minka* é também um potente ritual cultural e cerimonial de convocação e coesão das comunidades, assim como um espaço de intercâmbio de normas socioculturais.

- *Ranti-ranti*: diferentemente das trocas pontuais e únicas que se dão em algumas economias mestiças, o intercâmbio forma parte de uma cadeia que desata uma série interminável de transferências de valores, produtos e jornadas de trabalho. Sustenta-se no princípio de dar e receber sem determinar um período de tempo, ação e espaço, relacionado com certos valores da comunidade que dizem respeito à ética, à cultura e à história. Este princípio está presente em todas as ações que abordaremos a seguir. Por exemplo, aqui cabe a mudança de mãos no trabalho agrícola, ou seja, a força de trabalho que se oferece a outra pessoa para receber, depois de um determinado tempo, aquela mesma força de trabalho.

- *Uyanza*: é uma instituição de ajuda social e reconhecimento às famílias que emprestaram sua força de trabalho. Quem recebe essa força de trabalho tem a obrigação moral de agradecer esta ajuda por meio de uma doação, seja uma porção da colheita, seja algum outro presente.

- *Uniguilla*: é uma atividade destinada ao intercâmbio para complementar a alimentação, permitindo melhorar a dieta com produtos de outras zonas. As pessoas que vivem em zonas distantes trocam alimentos. Essa atividade parte do conhecimento do calendário agrícola. Trata-se de um processo de intercâmbio, complementação e abastecimento das despensas para temporadas nas quais não existe colheita ou a produção seja deficiente.

- *Waki*: outorga de terras cultiváveis a outra comunidade ou família que trabalha no terreno. Envolve a distribuição dos produtos cultivados entre ambas as comunidades ou famílias. Esta atividade também se dá no cuidado e na criação de animais.

- *Makikuna*: é um apoio que envolve toda a comunidade, família ampliada, amigos, vizinhos. É uma espécie de apoio moral no momento que mais requer uma família. Esta ajuda pode ser solicitada nestas circunstâncias e obedece, sobretudo, a situações imprevistas e emergências.

Outro ponto fundamental é o reconhecimento de que o Bem Viver não pode se circunscrever ao mundo rural. É verdade, porém, que suas propostas básicas provêm principalmente do campo e que os atuais espaços urbanos se revelam relativamente distantes de práticas solidárias e respeitosas com o meio ambiente.

Eis um dos grandes e mais complexos desafios: pensar o Bem Viver para e a partir das cidades, aproveitando, em alguns casos latino-americanos, por exemplo, que grande parte das pessoas que passaram a viver nas grandes cidades ainda mantém laços estreitos com suas comunidades de origem. Foi assim que se formaram grupos para construir/reconstruir formas de *Vivir Bien* na cidade de El Alto, na Bolívia, por exemplo.

No campo da política, mais especificamente no que se refere à tomada de decisões, é interessante reconhecer que o Bem Viver praticado em comunidades e *ayllus* das regiões andinas e amazônicas nos revela um estilo de governo diferente. O Bem Viver propõe a horizontalidade, o que exige democracia direta e autogestão, e não novas formas de imposição vertical ou o surgimento de lideranças individuais e iluminadas. Com discussões amplas e participativas, se avança rumo a consensos, que logo são absorvidos e sustentados pela comunidade. Nossas lógicas de democracia têm muito o que aprender com estas experiências.

Esta concepção de vida, em que a relacionalidade

desempenha um papel preponderante, propõe um incessante e complexo fluxo de interações e de intercâmbios. Dar e receber, em um interminável processo de reciprocidades, complementariedades e solidariedades, constitui a base do Bem Viver, uma postura ética que pode reger a vida humana: cuidar de si mesmo e dos demais seres vivos. Neste mundo de harmonias, a vida é o bem mais valioso. O Bem Viver se preocupa com a reprodução da vida — não do capital.

A partir da leitura dos significados da *chakana*, a cruz andina, se poderiam extrair valiosas lições para a compreensão do significado da unidade na diversidade, que mantêm uma permanente tensão de reciprocidade, complementariedade, relacionalidade e correspondência entre os distintos componentes da vida. Neste livro, por falta de espaço, não nos aprofundaremos sobre as bases conceituais e filosóficas das culturas indígenas — sem dúvida, elementos fundamentais do Bem Viver.

Em outras partes do mundo existem muitas práticas e propostas interessantes neste âmbito. Como exemplo deste universo, que é cada vez maior, citamos as chamadas "cidades em transição" (*transitions towns*), que pretendem passar o controle das comunidades às próprias comunidades como forma de enfrentar os desafios trazidos pelas mudanças climáticas e pela construção de uma economia pós-petrolífera. Este movimento está ativo em várias partes do mundo.[76]

Uma questão-chave é compreender que a solução não está no Estado — e, menos ainda, no mercado. Precisamos de outros tipos de Estado — um Estado

---

76 As origens da energia renovável (*Energiewende*) podem ser incorporadas a este esforço de construção de outro mundo baseado nas comunidades. Para mais reflexões sobre este tema, ver Tadzio Müller (2015).

plurinacional, como propõem os movimentos indígenas da Bolívia e do Equador, embora não se tenha avançado nesse sentido — que possam contribuir com a construção de uma sociedade não hierarquizada e não autoritária, controlada pelo povo a partir de instâncias comunitárias. Como recuperar a política, enquanto espaço vivo da sociedade? Eis uma pergunta que precisamos responder.

Finalmente, um comentário que pode ajudar. Consideramos que, dentro do movimento do decrescimento, há importantes vozes que insistem em conservar as "virtudes da modernidade" (Klein, 2013; Sommer & Welzer, 2014; Brie, 2014). Deve ficar bem claro que, aqui, não estamos dizendo que o mundo está seguindo por um bom caminho, e que precisamos apenas corrigir algumas práticas indesejáveis para que assim "a" modernidade possa enfim se cristalizar. Na realidade, ainda vivemos e sofremos a dialética do Iluminismo. Apesar disso, deve-se criticar com cautela algumas conquistas da modernidade, como alguns aspectos da individualidade que se contrapõem à dominação do homem pelo homem, algumas funções da organização social e da divisão do trabalho, formas de anonimato etc.

6 Como sair do labirinto? Perspectivas e perguntas abertas

As visões e os conceitos não só estão imersos na realidade social dos interesses e das estruturas de poder: também se manifestam na prática social, ao mesmo tempo que a guiam, visibilizando determinados fatos e constelações, e invisibilizando outros.

Esta situação se reflete na visão do crescimento econômico. Na América Latina e no resto do mundo "subdesenvolvido", como já dissemos, o crescimento é considerado sinônimo de "desenvolvimento" por uma gigantesca parcela da população e por praticamente todos os governos. Entre os especialistas, existe uma compreensão um pouco maior sobre o equívoco em associar diretamente crescimento e desenvolvimento. Isso, no entanto, ainda não foi capaz de destituir estes conceitos de sua grande força simbólica. Apesar disso, acreditamos que a religião do crescimento econômico passará a enfrentar sérias dificuldades. Seus resultados vêm se mostrando insatisfatórios e suas inconsistências saltam pouco a pouco à vista de todos.

Se ampliarmos o enfoque, poderíamos dizer que o debate sobre o decrescimento, que avança nos países industrializados do Norte, se tornará mais intenso em todo o mundo na medida em que absorva de maneira sistemática as discussões que se desenrolam no Sul global — e, sobretudo, a partir do momento em que se comprove que o crescimento econômico permanente é impossível em um mundo com claros limites biofísicos.

O decrescimento e o pós-extrativismo são duas faces de uma mesma questão. De certa forma, ambos abordam criticamente os modos de vida existentes, inseridos em uma lógica imperial que subordina a Natureza e o trabalho humano às insaciáveis demandas de acumulação do capital. Simples assim — e assim complexo.

Com este livro, entendemos que o decrescimento e o pós-extrativismo, mesmo sem serem sinônimos nem necessariamente complementares, são expressões relacionadas com uma mesma realidade global. Se o Norte decresce — interrompendo ou, ao menos, desacelerando seus processos de acumulação —, seguramente reduzirá suas demandas por objetos de trabalho e consumo — em especial, de matérias-primas. Isso necessariamente deverá obrigar os países do Sul a darem início ao pós-extrativismo.

Para maximizar o aproveitamento deste diálogo comum, porém, talvez devamos abandonar os termos "decrescimento" e "pós-extrativismo". Como já dissemos, trata-se de palavras com escassa efetividade simbólica. Talvez tenhamos que optar por conceitos como Bem Viver ou, para usar os dizeres do pensador belga François Houtart (2013), Bem Comum da Humanidade, enquanto abordagens diferentes, emancipadoras e sustentáveis. Como recomenda o próprio Houtart (2015), "devemos encontrar um novo paradigma de vida frente ao paradigma da morte", próprio do capitalismo. Este novo paradigma deve contar com um grande atrativo simbólico, para que assim se possa dialogar com amplos segmentos da população mundial e angariar seu apoio.

Conceitos — ou melhor, vivências — como o Bem Viver deveriam possibilitar abordagens sociais altamente complexas e inter-relacionadas de uma vida ou convivência plena, livre de imposições; de liberdade, felicidade e complementariedade, em um entorno social e natural digno (Gudynas, 2012a, p. 13; Brand, Phül & Thimmel, 2013; Lorenz, 2014). A questão é como poderemos, em uma lógica concreta, solidária e produtiva, prover alimentação, saúde, moradia, vestuário, mobilidade, comunicação e energia a todas as pessoas, por meio de sistemas de abastecimento mais autônomos que não submetam a Natureza.

Estes conceitos e estas práticas seriam parte integral de sociedades isentas de dominação e imposições de qualquer tipo. Como ponto de partida, teriam a aspiração comum de identificar e revelar estruturas e processos de poder já existentes ou em formação, de criticá-los e superá-los. Como aponta Antonio Gramsci, trata-se de conceitos e visões morais superiores a uma vida atrativa. Ou, nas palavras de Hans Thie — que, referindo-se a Hegel, refletiu sobre um "Iluminismo suave" —, que modifique os parâmetros da vida de tal forma que amanhã já não seja correto o que hoje o é.

Como conclusão, apresentamos a seguir algumas questões em aberto e delimitamos algumas ideias e sugestões.

Em primeiro lugar, as perspectivas do decrescimento e do pós-extrativismo poderiam se fortalecer mutuamente se manejassem conceitos de Estado e de política mais explícitos e mais críticos. "Pensar globalmente, atuar localmente" é um bom *slogan*, mas está longe de ser suficiente. Ademais, por mais que sejamos críticos ao Estado, ele existe e desempenha um papel central no capitalismo — que, afinal, se trata de um sistema interestatal.

Por um lado, costuma-se considerar o Estado como uma instância que, motivada por debates e movimentos críticos, busca solucionar problemas. Mas, por outro lado, o Estado é visto como parte desses mesmos problemas. A teoria crítica do Estado — tanto ocidental como pós-colonial — que o define como uma relação social e, ao mesmo tempo, como uma instância que estabiliza as constelações de poder existentes poderia nos ajudar a abordar esta discussão de maneira mais precisa. Ainda assim, surgem perguntas político-estratégicas sobre como respaldar e assegurar socialmente as emancipações que já são uma realidade, e que papel o Estado desempenha em relação a elas (Lang & Brand, 2015).

O mesmo acontece nas discussões sobre pós-extrativismo e decrescimento a respeito de conceitos politicamente muito difusos (Demirović, 2014). Em alguns casos, refere-se à chamada "pós-política", que entende que a política é apenas um espetáculo que disfarça o "verdadeiro" lugar do poder social — ou seja, a economia capitalista e os interesses (do capital) por detrás dela. Em outros, segundo a tradição do pensamento de Carl Schmitt, a política está em um lugar de conflito quase militarizado entre alianças e amigos contra inimigos — que têm que ser identificados ou até mesmo construídos. Uma terceira posição reduz "a política" a atores constituintes e subversivos, mais ou menos revolucionários, pensados como eventos — posição que despreza as instituições políticas como "o político".

O que acaba sendo omitido por todas estas três posturas é que qualquer perspectiva emancipatória requer não apenas transformações e rupturas, aproveitando contingências históricas, mas também mecanismos de solução não violenta de conflitos, para que assim se possa assegurar suas conquistas e consolidar as dimensões e as relações sociais emancipatórias. Necessita ainda de espaços de discussão e reflexão que, graças ao autoritarismo, às tensões e aos temores criados pelas sociedades europeias e latino-americanas, são raros. Necessitamos discutir crítica e democraticamente o que é que podemos assumir como comum, e então assegurá-lo a toda a sociedade mediante leis, reconhecimentos e recursos materiais. O que é legítimo? O que não é? É preciso responder a estas perguntas sem se afogar no pluralismo e sem abandonar as soluções radicais — ou seja, as soluções que vão à raiz dos problemas.

São tarefas excessivamente complexas. Para dar início a este processo, devemos nos reencontrar com a "dimensão utópica", como propunha o pensador peruano Alberto Flores Galindo.[77] Isso implica fortalecer os valores básicos da democracia — liberdade, igualdade e solidariedade — mediante a incorporação de diversas abordagens e avaliações conceituais da vida em comunidade, em todos os âmbitos de vida dos seres humanos, sejam lares ou unidades de produção. Estas novas formas de vida, sobre bases de verdadeira tolerância, terão que respeitar, por exemplo, a diversidade de opções sexuais e de formas de organização familiar e as próprias comunidades. Eis um horizonte para o qual podemos caminhar, como diria o escritor uruguaio Eduardo Galeano (1993): "A utopia está no horizonte. Ando dois passos, ela se distancia dois passos, e o horizonte vai dez passos mais pra lá. Para que serve, então, a utopia? Serve para isso, para caminhar".

O Bem Viver, entendido como filosofia de uma vida sem filósofos, abre as portas para construir um projeto emancipador. Um projeto que, ao congregar muitas histórias de lutas de resistência e de propostas de mudança, ao se nutrir de experiências locais de diversas latitudes, posiciona-se como ponto de partida para construir democraticamente sociedades sustentáveis em

---

[77] "Reencontremos la dimensión utópica: carta a los amigos", em *Ciberayllu*, 14 dez. 1989. Disponível em <http://www.andes.missouri.edu/andes/Especiales/AFG_CartaAmigos.html>.

todos os âmbitos. Temas como a construção de uma nova economia ou os Direitos da Natureza também se perfilam como questões que devem interessar a todos e a todas, e ser discutidas e abordadas a partir de experiências locais ou regionais específicas.

Para propor uma sociedade diferente, retomando o pensamento de Flores Galindo e a tradição dos zapatistas mexicanos, "não existe receita, tampouco um caminho que já tenha sido percorrido ou uma alternativa definida: é preciso construí-los". Ou, como dizia outro célebre pensador peruano, José Carlos Mariátegui: "nem decalque, nem cópia, mas criação heroica".

Não há problema em não ter um caminho pré-determinado. Pelo contrário, isso nos liberta de visões dogmáticas. Por outro lado, exige de nós maior clareza quanto a onde queremos chegar, assumindo com ainda mais consciência a transição a uma civilização que tenha a vida como grande prioridade. Mas não é apenas o destino que importa: também devemos dar importância aos caminhos que terão que ser percorridos rumo a uma vida humana digna que garanta um presente e um futuro a todos os seres humanos e não humanos, assegurando, assim, a sobrevivência da humanidade no planeta.

Em segundo lugar, deve-se considerar também a dimensão internacional e, sobretudo, os efeitos do mercado global e da geopolítica sobre a vida das pessoas e a preservação da Natureza. O mercado global está muito presente no debate sobre o pós-extrativismo, pois seu grande objeto de discussão — o modelo de acumulação primário-exportador como base do "desenvolvimento" — está totalmente vinculado com os fluxos comerciais internacionais. Apesar disso, as alternativas acalentadas na América Latina ainda se relacionam muito pouco com o mercado e a política mundiais. É verdade que existe um pensamento regional, mas as práticas não costumam ultrapassar as fronteiras nacionais. Falta, portanto, considerar as diversas experiências e discussões sobre o imperialismo — tão caras à tradição crítica latino-americana — como verdadeiro pano de fundo da globalização do capitalismo.[78]

É evidente que as experiências do Norte global deverão considerar as experiências da América Latina e de outras regiões marginalizadas e empobrecidas do mundo. O intercâmbio de reflexões e experiências será muito útil para que os indivíduos e as comunidades optem por vias que assegurem sua emancipação das relações de dominação existentes e alienantes, mediante a superação daquelas relações fetichizadas *ad infinitum*, próprias do consumismo e do produtivismo.

Estes processos de emancipação devem orientar-se ao pleno gozo da individualidade dentro das comunidades, obviamente sem prejuízo dos demais, e a relações sociais profundamente sustentáveis com a Natureza. Só assim se poderá colocar um ponto final a todo tipo de fetiche e abrir as portas a transições que permitam superar o extrativismo e a religião do crescimento econômico.

Para superar a civilização capitalista, é preciso colocar o pós-extrativismo e o decrescimento em prática o quanto antes, dentro de uma ideia que se pode compreender como pós-desenvolvimento. Ambas as perspectivas concordam em superar o capitalismo. Portanto, não devemos nos enganar com supostas soluções temporárias — como o recente *boom* das *commodities*, que, como consequência, trouxe "concentração de territórios externos e internos" (Dörre, 2015, p. 113) à América Latina, estabilizando e consolidando ainda mais as

---

[78] Negri & Hardt (2002), Katz (2011), Panitch & Gindin (2012) e Kumar (2014) são alguns pensadores que se dedicaram a este tema tão crucial.

estruturas que criticamos e que pretendemos transformar. Temos que suspender os modos de vida e de produção devoradores de recursos naturais. Não existe nenhuma possibilidade de que todos "ganhemos" — nem no Norte nem no Sul — se esse tipo de modalidade de acumulação própria do capitalismo for mantida. No longo prazo, aliás, ao invés do "ganha-ganha", terminaremos em uma situação de "perde-perde".

Com isso, chegamos à discussão sobre a cultura. Hollender (2015, p. 92) resume a questão da seguinte maneira: "Talvez o maior desafio do pós-crescimento seja a maneira como o crescimento chegou a fazer parte das normas, dos valores e das condutas sociais". Reflexões semelhantes podem ser encontradas em Acosta (2014) e Sum & Jessop (2013), e também são aplicáveis ao extrativismo. Nossas sociedades parecem ter adquirido uma espécie de DNA extrativista. Kristina Dietz (2014) menciona a vantagem de analisar o crescimento e a exploração de recursos naturais no Norte e no Sul a partir de um ponto de vista histórico e entrelaçado, enxergando o "desenvolvimento" e o "progresso" como parte de estruturas imperiais impregnadas de poder e dominação.

Isso implica compreender que o extrativismo não é apenas uma estratégia econômica, mas uma forma de exploração altamente complexa, que não só depende da Natureza e a destrói, mas que estrutura diversas relações sociais de produção e reprodução, trabalho e divisão do trabalho, formas de organização política e âmbitos estatais, subjetividades e imaginários sociais — muitos recolhidos nas patologias antes mencionadas. Assim, uma estratégia pós-extrativista deve colocar em suspenso a totalidade das estruturas produtivas, sociais e políticas que respaldam a modalidade de acumulação primário-exportadora. Uma tarefa muito complexa. Não esqueçamos que existem amplos segmentos da população que consideram o extrativismo como uma alavanca para potencializar o desenvolvimento e o progresso, ao que se somam as inter-relações transnacionais do esquema de dominação extrativista.

Os enfoques emancipatórios no Sul global, que poderiam ser resumidos pelo conceito do pós-extrativismo, exigem mudanças na América Latina e nos países do Norte. Aceita-se, então, que "o pós-extrativismo e o pós-crescimento são duas faces da mesma moeda, e, como tais, devemos inclui-los em todos os debates críticos ao crescimento" (Dietz, 2014, p. 19).

Estas discussões, presentes de diversas maneiras na realidade do sistema capitalista, nutrem-se da imperiosa necessidade de promover uma vida harmoniosa entre os seres humanos e entre os seres humanos e a Natureza: uma vida que esteja centrada na autossuficiência e na autogestão das comunidades. O esforço deve estar normalizado por estas questões medulares, que garantem a reprodução da vida. Este é, definitivamente, um grande desafio para a Humanidade — e implica ter em mente uma mudança de eras. É preciso superar a pós-modernidade, entendida como era do desencanto. O modelo de desenvolvimento devastador, que tem o crescimento econômico insustentável como paradigma de modernidade, não pode continuar dominando a vida. A ideia de progresso — compreendida como uma acumulação permanente de bens materiais — precisa ser derrotada.

Aqui cabe a pergunta: será possível, a partir da atual crise do capitalismo, criar uma nova organização civilizatória que faça dessas transformações uma realidade, permitindo a reconstrução do Estado em outras bases, além de renovados espaços regionais e locais, para que então possamos construir democraticamente espaços globais democráticos e outros mapas territoriais e conceituais?

Como já indicamos brevemente, deveríamos debater

com mais intensidade os limites — ecológicos ou planetários (Rockström *et al.*, 2009; Mahnkopf, 2013) — politizados em conceitos como o pico do petróleo (*peak oil*).[79] O que as descobertas das ciências naturais nos dizem sobre os limites biofísicos e os possíveis pontos de inflexão da política social?

Atualmente, vemos que a descoberta e a exploração de gás e petróleo de xisto betuminoso aparentemente colocam de cabeça para baixo todos os prognósticos sobre o pico do petróleo. Claro que isso não significa que não existam limites à exploração petrolífera, mas demonstra que tais pontos de referência não são totalmente confiáveis. Ademais, os consensos estabelecidos pelos pesquisadores como limites à preservação da vida na Terra — por exemplo, o objetivo de limitar em no máximo dois graus Celsius o aumento da temperatura global — costumam obedecer muito mais aos critérios geopolíticos das grandes conferências internacionais do que à prudência científica (Geden & Beck, 2014; Dietz & Wissen, 2009).

O debate crítico sobre o decrescimento corre o risco de subestimar um aspecto fundamental do crescimento econômico capitalista: a dominação. Isso fica patente com o uso de muitos conceitos e termos, como "liberação da abundância", "igualdade da felicidade" e "infraestruturas mentais". Nesse contexto, devemos ser mais precisos sobre o que entendemos como capitalismo ou crescimento capitalista. Na realidade, muitos documentos e trabalhos deixam uma incógnita a respeito disso, uma vez que sugerem que o crescimento se trata simplesmente de um aumento da produção material e do

---

79 A teoria do "pico do petróleo" ou "pico de Hubbert" defende a existência de um nível máximo de exploração e produção do petróleo, a partir do qual a atividade petrolífera entraria em declínio gradual até chegar a um fim. O termo foi cunhado pelo geólogo estadunidense Marion King Hubbert nos anos 1950. [N.E.]

consumo, sem considerar suas implicações sociais como propulsor do patriarcado, do racismo e da colonialidade.

É indispensável, então, revisar a essência do crescimento econômico, questionando-se sobre se existem formas de desenvolvimento das forças produtivas que possam transitar a outra direção. Está claro que a destruição produzida pelo crescimento econômico, em sua forma de acumulação capitalista, é efetivamente a que conduz a um caminho sem saída. Uma evolução alternativa deveria entranhar, sem dúvida, outras lógicas econômicas. Esta nova economia deverá ser repensada a partir da busca e da construção de opções desenhadas e aplicadas por uma visão holística e sistêmica, moldada pelos Direitos Humanos e pelos Direitos da Natureza, que devem ser considerados ao mesmo tempo ponto de partida e de chegada para qualquer caminho alternativo. Algumas experiências baseadas no paradigma da *vía campesina* (Patel, 2009) podem ajudar nessa reflexão.

As mesmas bases podem ser aplicadas ao pós-extrativismo, que adota um tom claramente mais crítico. Muitas abordagens, porém, continuam sendo muito vagas quando se trata de definir as alternativas ou o conceito de capitalismo. Eis uma das grandes tarefas pendentes.

Tudo isso ocorre em um momento histórico extremamente complexo. Na América Latina, os governos neoliberais se consolidam enquanto os governos "progressistas" perdem legitimidade — sobretudo porque, de uma maneira ou de outra, acabaram regressando ao atoleiro neoliberal, optando por regimes autoritários e caudilhistas.[80] Na Europa, o auge da extrema direita é o pão de cada dia em muitos países. Portanto, é preciso

---

80 Para pontos de vista sobre o "fim de ciclo" na América do Sul, ver Mezzadra & Sztulwark (2015), Chodor (2015), Modonesi (2016).

identificar as dificuldades a serem superadas. Elas se encontram imersas neste sistema de morte, que acabará destruindo a vida no planeta.

É urgente abordar todos os desafios políticos e analíticos que pudermos identificar, a partir de visões plurais e com ações coletivas que demandam sociedades fundamentadas na igualdade. Uma tarefa que nos insta a caminhar radicalizando a democracia. Porque precisamos de sempre mais democracia, nunca menos.

Bibliografia

ACOSTA, Alberto (2016). "Las dependencias del extractivismo. Aporte para un debate incompleto", *Aktuel Marx Intervenciones*, n. 20, ed. Nuestra América y la Naturaleza (colonial) del capital: La depredación de los territorios/cuerpos como sociometabolismo de la acumulación, pp. 123-54. Disponível em <http://cdn.biodiversidadla.org/content/download/133385/1035390/version/1/file/Las+depe ndencias+del+extractivismo.+Aporte+para+un+debate+incomp leto.pdf>.

_____(2014a). "Iniciativa Yasuní-ITT. La difícil construcción de la utopia", em *Rebelión*. Disponível em <http://www.rebelion.org/noticia.php?id=180285>.

_____(2014b). "Poscrecimiento y posextractivismo: Dos caras de la misma transformación cultural", em ENDARA, Gustavo (org.). *Postcrecimiento y Buen Vivir. Propuestas globales para la construcción de sociedades equitativas y sustentables*. Quito: FES-Ildis. Disponível em <http://www.rebelion.org/noticia.php?id=196977>.

_____(2013a). "Die Rechte der Natur. Für eine zivilisatorische Wende", em RIVERA, Manuel & TÖPFER, Klaus (orgs.). *Nachhaltige Entwiklung in einer pluralen Moderne. Lateinamerikanische Perspektiven*. Berlín: Mattthes y Seitz.

_____(2013b). "Otra economía para otra civilización", em *Temas*, n. 75, jul-set., pp. 21-7. Havana: ICAIC.

_____(2016c). *O Bem Viver: uma oportunidade para imaginar outros mundos*. São Paulo: Elefante & Autonomia Literária. Disponível em <https://rosaluxspba.org/wp-content/uploads/2017/06/Bemviver.pdf>.

_____ (2011). "Los Derechos de la Naturaleza. Una lectura sobre el derecho a la existência", em ACOSTA, Alberto & MARTÍNEZ, Esperanza (orgs.). *La Naturaleza con Derechos. De la filosofía a la política*. Quito: Abya Yala.

_____ (2009). *La maldición de la abundancia*. Quito: CEP, Swissaid & Abya Yala. Disponível em <http://www.rebelion.org/docs/122604.pdf>.

_____ (2003). "¡Globalización o desglobalización, esa no es la cuestión! Algunos comentarios para un debate (in)trascendente", em *Carta Global Latinoamericana* n. 5. Montevidéu: Claes. Disponível em <http://globalizacion.org/wp-content/uploads/2016/01/CartaLato5AcostaGlobalizacion2003.pdf>.

_____ (2002). "La increíble y triste historia de América Latina y su perversa deuda externa", em *La Insigna*, dez. 2002. Disponível em <http://www.lainsignia.org/2002/diciembre/econ_019.htm> e <http://www.lainsignia.org/2002/diciembre/econ_022.htm>.

_____ (1994). La deuda eterna. Una historia de la deuda externa ecuatoriana. Quito: Libresa.

ACOSTA, Alberto & GUIJARRO, John Cajas (2015). "Instituciones transformadoras para la economía global. Pensando caminos para dejar atrás el capitalismo", em LANG, Miriam; CEVALLOS, Belén & LÓPEZ, Claudia. *La osadía de lo nuevo. Alternativas de política económica*. Quito: Abya Yala.

_____ (2016). "Ocaso y muerte de una revolución que al parecer nunca nació", em *Ecuador Debate*, n. 98, pp. 7-28. Quito: CAAP, 2016. Disponível em <http://repositorio.flacsoandes.edu.ec/xmlui/bitstream/handle/10469/12166/REXTN-ED98-02-Acosta.pdf?sequence=1&isAllowed=y>.

ACOSTA, Alberto; GUDYNAS, Eduardo; MARTÍNEZ, Esperanza & VOGEL, Joseph (2009). "Dejar el crudo en tierra o la búsqueda del paraíso perdido. Elementos para una propuesta política y económica para la Iniciativa de no explotación del crudo del ITT", em *Polis*, n. 8. Santiago: Universidad de los Lagos. Disponível em <http://www.redalyc.org/articulo.oa?id=30511379019>.

ACOSTA, Alberto & HURTADO CAICEDO, Francisco (2016). "De la violación del Mandato Minero al festín minero del siglo XXI", em *Rebelión*, 30. jul. Disponível em <https://www.rebelion.org/noticia.php?id=215028>.

ACOSTA, Alberto & MARTÍNEZ, Esperanza (orgs.) (2009). *Derechos de la Naturaleza. El futuro es ahora*. Quito: Abya Yala.

ACOSTA, Alberto; MARTÍNEZ, Esperanza & SACHER, William (2013). "Salir del extractivismo: una condición para el Sumak Kawsay. Propuestas sobre petróleo, minería y energía en el Ecuador", em LANG, Miriam; LÓPEZ, Claudia & SANTILLANA, Alejandra. *Alternativas al capitalismo/colonialismo del siglo xxi*. Quito: Abya Yala & Fundação Rosa Luxemburgo. Disponível em <http://www.rebelion.org/docs/166924.pdf>.

ALIMONDA, Héctor (org.) (2011). *La Naturaleza colonizada. Ecología política y minería en América Latina*. Buenos Aires: Ciccus & Clacso. Disponível em <http://bvsde.org.ni/clacso/publicaciones/alimonda.pdf>.

_____ (2002). *Ecología política. Naturaleza, sociedad y utopía*. Buenos Aires: Clacso. Disponível em <http://bibliotecavirtual.clacso.org.ar/ar/libros/ecologia/ecologia.html>.

ALTVATER, Elmar (1993). *The Future of the Market*. Londres: Verso.

AMIN, Samir (1990). *Maldevelopment. Anatomy of a Global Failure*. Londres: ZED Books. Disponível em <http://www.unu.edu/unupress/unupbooks/uu32me/uu32me00.htm>.

ANDREUCCI, Diego & RADHUBER, Isabella M. (2015). "Limits to 'Counter-neoliberal' Reform: Mining Expansion and the Marginalisation of Post-extractivist Forces in Evo Morales's Bolivia", em *Geoforum*, v. 84, ago, pp. 280-91. Disponível em <http://www.sciencedirect.com/science/article/pii/S0016718515002304>.

ASARA, Viviana; PROFUMI, Emanuele & KALLIS, Giorgos (2013). "Degrowth, Democracy and Autonomy", em *Environmental Values*, v. 22, n. 2, pp. 217-39.

ATZMÜLLER, Roland; BECKER, Joachim; BRAND, Ulrich; OBERNDORFER, Lukas; REDAK, Vanessa & SABLOWSKI, Thomas (orgs.) (2013). *Fit für die Krise? Perspektiven der Regulationstheorie*. Münster: Westfälisches Dampfboot.

ÁVILA SANTAMARÍA, Ramiro (2011). *El neoconstitucionalismo transformador. El estado y el derecho en la Constitución de 2008*. Quito: Abya

Yala, UASB & Fundação Rosa Luxemburgo. Disponível em <http://repositorio.uasb.edu.ec/bitstream/10644/2984/1/Ávila%2c%20R-CON-007-El%20neoconstitucionalismo.pdf>.

BHAGWATI, Jagdish N. (1958). "Inmiserizing Growth", em *The Review of Economic Studies*, v. 25, n. 3, jun., pp.201-205.

BEBBINGTON, Anthony & BURY, Jeffrey (orgs.) (2013). *Subterranean Struggles. New Dynamics of Mining, Oil, and Gas in Latin America*. Austin: University of Texas Press.

BECKER, Egon (2001). "La transformación ecológica-social. Notas para una ecología política sostenible", em THIEL, Reinhold E. (org.). *Teoría del desarrollo. Nuevos enfoques y problemas*. Caracas: Editorial Nueva Sociedad.

BECKER, Egon; HUMMEL, Diana & JAHN, Thomas (2011). "Societal Relations to Nature as a Common Frame of Reference for Integrated Environmental Research", em GROSS, Matthias (org.). *Handbuch Umweltsoziologie*. Wiesbaden: Verlag für Sozialwissenschaften. Disponível em <http://www.isoe.de/uploads/media/becker-hummel--jahn-soc-rel-nat-en-2012_01.pdf>.

BENDER, Harald; BERNHOLT, Norbert & WINKELMANN, Bern (2012). *Kapitalismus und dann? Systemwandel und Perspektive gesellschaftlicher Transformation*. Munique: Oekom Verlag.

BIELING, Hans-Jürgen (2013). "European Financial Capitalism and the Politics of (De-) financialization", em *Competition & Change*, v. 17, n. 3, pp. 283-98.

BIESECKER, Adelheid & HOFMEISTER, Sabine (2010). "(Re)productivity: Sustainable relations both between society and nature and between the genders", em *Ecological Economics*, v. 69, n. 8, pp. 1703-11.

BIESECKER, Adelheid; WICHTERICH, Christa & WINTERFELD, Uta von (2012). "Feministische Perspektiven zum Themenbereich Wachstum, Wohlstand, Lebensqualität". Disponível em <https://www.rosa-lux.de/fileadmin/rls_uploads/pdfs/sonst_publikationen/Biesecker_Wichterich_Winterfeld_2012_FeministischePerspe.pdf>.

BORRAS, Saturnino M.; KAY, Cristóbal; GÓMEZ, Sergio & WILKINSON, John (2012). "Land Grabbing and Global Capitalist Accumulation: Key

Features in Latin America", em *Canadian Journal of Development Studies*, v. 33, n. 4, pp. 402-16.

BOSERUP, Ester (2007). "Women's Role in Economic Development. European", em *Review of Agricultural Economics*, v. 35, n. 4, pp. 598–601.

BOULDING, Kenneth (1966). "The economics of the Coming Spaceship Earth", em JARRETT, H. (org.). *Environmental Quality in a Growing Economy*. Baltimore: Johns Hopkins University Press.

BRAND, Ulrich (2016a). "Post-neoliberalism", em SPRINGER, Simon; BIRCH, Kean & MACLEAVY, Julie (orgs.). *Handbook of Neoliberalism*. Londres: Routledge.

_____ (2016b). "How to get out of the Multiple Crisis? Towards a critical theory of Social-Ecological Transformation", em *Environmental Values*, v. 25, n. 5, pp. 503-25.

_____ (2016c). Lateinamerikas Linke. Ende des progressiven Zyklus. Hamburgo: VSA.

_____ (2014). "Growth and Domination: Shortcomings of the (De-)Growth Debate", em PAŽERE, A. & BIELSKIS, A. (orgs.). *Debating with the Lithuanian Left: Terry Eagleton, Joel Bakan, Alex Demirović and Ulrich Brand*. Vilnius: Demos.

_____ (2012). "El papel del Estado y de las políticas públicas en los procesos de transformación", em LANG, Miriam & MOKRANI, Dunia (orgs.). *Más allá del desarrollo*. Quito: Abya Yala & Fundação Rosa Luxemburgo. Disponível em <http://www.rosalux.org.mx/docs/Mas_alla_del_desarrollo.pdf>.

BRAND, Ulrich; DIETZ, Kristina & LANG, Miriam (2016). "Neo-Extractivism in Latin America. One Side of a new Phase of Global Capitalist Dynamics", em *Revista de Ciencia Política*, v. 11, n. 21, pp. 125-59. Bogotá: Universidad Nacional de Colombia. Disponível em <https://revistas.unal.edu.co/index.php/cienciapol/article/view/57551/57781>.

BRAND, Ulrich & GÖRG, Christoph (2003). "¿Globalización sustentable? Desarrollo sustentable como pegamento para el montón de cristales trizados del neoliberalismo", em *Ambiente y Sociedade*, v. 6, n. 1. pp. 45-72.

BRAND, Ulrich & LANG, Miriam (2015). "Green Economy", em PATTBERG, Philipp & ZELLI, Fariborz (orgs.). *Encyclopedia of Global Environmental Politics and Governance*. Cheltenham: Edward Elgar.

BRAND, Ulrich & WISSEN, Markus (2015). "Strategies of a Green Economy, Contours of a Green Capitalism", em PIJL, Kees van der (org.). *The International Political Economy of Production*. Cheltenham: Edward Elgar.

_____ (2014). "Financialisation of Nature as Crisis Strategy", em *Journal für Entwicklungspolitik*, v. 30, n. 2, pp. 16-45.

_____ (2012). "Global Environmental Politics and the Imperial Mode of Living. Articulations of State-Capital Relations in the Multiple Crisis", em *Globalizations*, v. 9, n. 4, pp. 547-60.

BREININGER, Lilli & RECKORDT, Michael (2012). *The Frenzy for Raw Materials. The Effects of Mining in the Philippines*. Essen: Philippienbüro.

BRIE, Michael (org.) (2014). Futuring. Perspektiven der Transformation im Kapitalismus über ihn hinaus. Münster: Westfälisches Dampfboot.

_____ (2009). "Ways out of the Crisis of Neoliberalism", em *Development Dialogue*, v. 51, pp. 15-31.

BRYANT, Raymond & BAILEY, Sinead (1997). *Third World Political Ecology*. Londres & Nova York: Routledge.

BUCKEL, Sonja & FISCHER-LESCANO, Andreas (2009). "Gramsci Reconsidered: Hegemony in Global Law", em *Leiden Journal of International Law*, v. 22, pp. 437-54.

BURCHARDT, Hans J. & DIETZ, Kristina (2014). "(Neo-)extractivism. A new challenge for development theory from Latin America", em *Third World Quarterly*, v. 35, n. 3, pp. 468-86.

CANDEIAS, Mario (2011). "Passive Revolutions vs. Socialist Transformation". Bruxelas: Fundação Rosa Luxemburgo. Disponível em <https://www.rosalux.eu/fileadmin/user_upload/candeias_passive_revolutions.pdf>.

_____ (2004). Neoliberalismus, Hochtechnologie, Hegemonie. Grundrisse einer transnationalen kapitalistischen Produktions-und Lebensweise. Hamburgo: Argument.

CECEÑA, Ana Esther (2009). "Postneoliberalism and its Bifurcations", em *Development Dialogue*, v. 51, pp. 33-43.

_____ (org.) (2006). Los desafíos de las emancipaciones en un contexto militarizado. Buenos Aires: Clacso.

CECEÑA, Ana Esther; AGUILAR, Paula & MOTTO, Carlos (2007). *Territorialidad de la dominación. Integración de la Infraestructura Regional Suramericana*. Buenos Aires: Observatorio Latinoamericano de Geopolítica.

CEDLA (2014). "Ley Minera del MAS privatista y anti-indígena", em *Boletín de seguimiento a políticas públicas*, n. 26.

CEPAL (2011). Latin America and the Caribbean in the World Economy: A Crisis Generated in the Centre and a Recovery Driven by the Emerging Economies. Santiago: Cepal/ONU.

CHODOR, Tom (2015). Neoliberal hegemony and the Pink Tide in Latin America: breaking up with TINA?. Basingstoke, Hampshire & Nova York: Palgrave Macmillan.

COLECTIVO VOCES DE ALERTA (2011). *Quince mitos y realidades de la minería transnacional en la Argentina*. Buenos Aires: El Colectivo & Herramienta.

CORAGGIO, José Luis (2011). Economía social y solidaria. El trabajo antes que el capital. Quito: Abya Yala.

CULLINAN, Cormac (2003). *Wild Law. A Manifesto for Earth Justice*. Vermont: Chelsea Green.

CORREA, Rafael (2012). "Ecuador's Path", em *New Left Review*, n. 77, pp. 89-104.

D'ALISA, Giacomo; DEMARIA, Frederico & KALLIS, Giorgios (orgs.) (2015). *Decrecimiento. Vocabulario para una nueva era*. Barcelona: Icaria.

DALY, Hermann E. (org.) (1999). Ecological Economics and the Ecology of Economics. Essays in Critisism. Chaltenham: Edward Elgar.

_____ (org.) (1990). Economía, ecología, ética. Ensayos hacia una economia en estado estacionario. México: Fondo de Cultura Económica.

DELGADO RAMOS, Gian C. (org.) (2013). Ecología política del extractivismo en América Latina: casos de resistencia y justicia socio-ambiental. Buenos Aires: Clacso.

DEMARIA, Federico; SCHNEIDER, François; SEKULOVA, Filka & MARTÍNEZ ALIER, Joan (2013). "What is Degrowth? From an Activist Slogan to a Social Movement", *Environmental Values*, v. 22, n. 2, pp. 191-215.

DEMIROVIĆ, Alex (2014). "The Critique of Politics", em *ViewPoint*, 24 out. Disponível em <https://viewpointmag.com/2014/10/24/the-critique-of-politics/>.

_____ (2011). "Materialist State Theory and the Transnationalization of the Capitalist State", em *Antipode*, v. 43, n. 1, pp. 38-59.

_____ (1997). *Demokratie und Herrschaft*. Münster: Westfälisches Dampfboot.

DEMIROVIĆ, Alex; DÜCK, Julia; BECKER, Florian & BADER, Pauline (orgs.) (2011). *VielfachKrise im finanzdominierten Kapitalismus*. Hamburgo: VSA.

DEUTSCHER BUNDESTAG (2013). Expert Commission, Growth, Well-Being, Quality of Life. Reporte final. Berlim: Deutscher Bundestag.

DIETZ, Kristina (2014). "Nord-Süd-Dimensionen der Wachstumskritik", em REDAKTIONSGRUPPE DEGROWTH (org.). *Mehr oder weniger. Wachstumskritik von links*. Berlim: Fundação Rosa Luxemburgo.

DIETZ, Kristina & Markus Wissen (2009). "Kapitalismus und natürliche Grenzen. Eine kritische Diskussion ökomarxistischer Zugänge zur ökologischen Krise", em *Prokla*, n. 159, pp. 351-70.

DOS SANTOS, Theotonio (1998). "La teoría de la dependencia un balance histórico y teórico", em *Los retos de la globalización*. Caracas: Unesco.

_____ (1978). *Imperialismo y dependencia*. México: ERA.

DÖRRE, Klaus (2015). "The New Landnahme. Dynamics and Limits of Financial Market Capitalism", em DÖRRE, Kalus; LESSENICH, Stephan & ROSA, Hartmut. *Sociology, Capitalism, Critique*. Londres: Verso.

DÖRRE, Klaus; EHRLICH, Martin & HAUBNER, Tine (2014). "Landnahmen im Feld der Sorgearbeit", em AULENBACHER, Brigitte; RIEGRAF, Birgit & HILDEGARD, Theobald (orgs.). *Sorge: Arbeit, Verhältnisse, Regime*. Baden-Baden: Nomos.

DURAND, Francisco (2006). La mano invisible en el Estado. Efectos de neoliberalismo en el empresariado y la política. Lima: DESCO/FES.

ECHEVERRÍA, Bolívar (2010). *Modernidad y blanquitud*. México: ERA.

_____ (2007). "El capitalismo es posible solo sacrificando la vida", em *El Comercio*, 4 ago.

ECO, Umberto (2001). *Baudolino*. Rio de Janeiro: Record.

ENDARA, Gustavo (org.) (2014). Post-Crecimiento y Buen Vivir. Propuestas globales para la construcción de sociedades equitativas y sustentables. Quito: FES.

ENGELS, Bettina & DIETZ, Kristina (orgs.) (2016). *Contested Extractivism, Society and the State: Struggles over Mining and Land*. Houndmills: Palgrave Macmillan.

ESCOBAR, Arturo (2015). "Degrowth, Postdevelopment and Transitions: A Preliminary Conversation", em *Sustainability Science*, v. 10, n. 3, pp. 451-62.

_____(1995). Encountering Development. The Making and Unmaking of the Third World. Princeton: Princeton University Press.

ESTEVA, Gustavo (1995). "Desarrollo", em SACHS, Wolfgang (org.). *Diccionario del desarrollo. Una guía del conocimiento como poder*. Perú: Pratec.

ESTERMAN, Josef (2014). "Ecosofía andina. Un paradigma alternativo de convivência cósmica y de vida plena", em *Bifurcación del Buen Vivir y el sumak kawsay*. Quito: Sumak.

EVERSBERG, Dennis & SCHMELZER, Matthias (2016). "A Diverse and Conflictual Alliance: Convergence and Divergence at the Grassroots Level of the Emerging Degrowth Movement".

EXNER, Andreas (2014). "Degrowth and Demonetization: On the Limits of a Non-Capitalist Market Economy", em *Capitalism Nature Socialism*, v. 25, n. 3, pp. 9-27.

FAIRHEAD, James; LEACH, Melissa & SCOONES, Ian (2012). "Green Grabbing: a new appropriation of nature?", em *Journal of Peasant Studies*, n. 39, pp. 237-261.

FAO (2013). Food wastage footprint, Impacts on Natural resources. Roma: FAO.

FATHEUER, Thomas (2011). Buen Vivir. A Brief Introduction to Latin America's New Concepts for the Good Life and the Rights of Nature. Berlim: Fundación Heinrich Böll.

FELBER, Christian (2014). *Geld. Die neuen Spielregeln*. Viena: Deuticke.

_____(2012). *La economía del bien común*. Deusto: S.A. Ediciones.

FELLI, Romain (2014). "An Alternative Socio-ecological Strategy? International Trade Unions' Engagement with Climate Change", em *Review of International Political Economy*, v. 21, n. 2, pp. 372-98.

FERRER, Aldo (2002). *Vivir con lo nuestro. Nosotros y la globalización*. Buenos Aires: Fondo de Cultura Económica.

FLORES GALINDO, Alberto (s.d.). *Reencontremos la dimensión utópica*. Lima: Instituto de Apoyo Agrario & El Caballo Rojo.

FORSYTH, Timothy (2003). *Critical Political Ecology*. Londres & Nova York: Routledge.

FOSTER, John B. (2000). *Marx's Ecology: Materialism and Nature*. Nova York: Monthly Review Press.

GUNDER FRANK, André (1979). *Lumpenburguesía y lumpendesarrollo*. Barcelona: Laia.

_____ (1970). Capitalismo y subdesarrollo en América Latina. Buenos Aires: Siglo XXI.

FRASER, Alastair & LARMER, Miles (orgs.) (2010). *Zambia, Mining and Neoliberalism: Boom and Bust on the Globalized Copperbelt*. Londres: Palgrave Macmillan.

FRERS, Cristian (2010). "¿Hacia dónde va la basura electrónica?", em *Eco Portal*, 6 abr. Disponível em <http://www.ecoportal.net/Temas-Especiales/ Basura-Residuos/hacia_donde_va_la_basura_electronica>.

FURTADO, Celso (1974). *El desarrollo económico, un mito*. México: Siglo XXI.

GABBERT, Karin (2012). "Das Gute Leben ist in aller Munde", em GUDY-NAS, Eduardo. *Buen Vivir. Das Gute Leben jenseits von Wachstum und Entwicklung*. Berlim: Fundação Rosa Luxemburgo.

_____ (2013). "Hay que dejar de crecer. Acerca del postcrecimiento", em *Alternativas al capitalismo/colonialismo del siglo xxi*. Quito: Abya Yala & Fundação Rosa Luxemburgo.

GAGO, Verónica (2015). "Financialization of Popular Life and the Extractive Operations of Capital: A Perspective from Argentina", em *The South Atlantic Quarterly*, v. 114, n. 1, pp. 11-28.

GAGO, Verónica & SZTULWARK, Diego (2009). "Notes on Postneoliberalism in Argentina", em *Development Dialogue*, n. 51, pp. 181-90.

GALEANO, Eduardo (2011). *Las venas abiertas de América Latina*. Madri: Siglo XXI.

GALLAS, Alexander; BRETTHAUER, Lars; KANNANKULAM, John & STÜTZLE, Ingo (orgs.). (2011). *Reading Poulantzas*. Londres: Merlin Press.

GEDEN, Oliver & BECK, Silke (2014). "Renegotiating the global climate stabilization target", em *Nature Climate Change*, n. 4, pp. 747-48.

GÖRG, Christoph (2011). "Societal Relationships with Nature: A Dialectical Approach to Environmental Politics", em BIRO, Andrew (org.). *Critical Ecologies. The Frankfurt School and Contemporary Environmental Crises*. Toronto: University of Toronto Press.

GIBSON-GRAHAM, J. K. (2006). The End of Capitalism (As We Knew It). A Feminist Critique of Political Economy. Minneapolis: University of Minnesota Press.

GIRALDO, Omar Felipe (2014). Utopías en la era de la supervivencia. Una interpretación del Buen Vivir. México: Ítaca.

GRAEFE, Stafanie (2016). "Grenzen des Wachstums? Resiliente. Subjektivität im Krisenkapitalismus", em *Psychosozial*, n. 142.

GRAMSCI, Antonio (2000). *Cadernos do cárcere*, vol. 2. Rio de Janeiro: Civilização Brasileira.

_____ (2007). *Cadernos do cárcere*, vol. 3. Rio de Janeiro: Civilização Brasileira.

GRUGEL, Jean & RIGGIROZZI, Pia (2012). "Post-neoliberalism in Latin America: Rebuilding and Reclaiming the State after Crisis", em *Development and Change*, v. 43, n. 1, pp. 1-21.

GUDYNAS, Eduardo (2015). *Extractivismos. Ecología, economía y política de un modo de entender el desarrollo y la Naturaleza*. Cochabamba: Cedib. Disponível em <http://gudynas.com/wp-content/uploads/GudynasExtractivismosEcologiaPoliticaB015Anuncio.pdf>.

_____ (2016b). Los Derechos de la Naturaleza. Respuestas y aportes desde la ecología política. Quito: Abya Yala.

_____ (2014a). "Sustentación, aceptación y legitimación de los extractivismos: múltiples expresiones pero un mismo basamento", em *Opera*, n. 14, jan.-jun., pp. 137-159.

_____(2014b). "Buen Vivir: sobre secuestros, domesticaciones, rescates y alternativas", em *Bifurcación del Buen Vivir y el sumak kawsay*. Quito: Sumak.

_____(2013a). "Izquierda y progresismo: la gran divergência", em *Alai*, 23 dez. Disponível em <http://www.alainet.org/es/active/70074>.

_____(2013b). "Extracciones, extractivismos y extrahecciones. Un marco conceptual sobre la apropiación de recursos naturales", em *Observatorio del desarrollo*, n. 18, fev.

_____(2012). "Worte sind nicht neutral. Ein lateinamerikanischer Blick auf die Diskussion um 'Wachstumsrücknahme'", em *Südlink*, n. 159, mar., pp. 14-5.

_____(2011). "Alcances y contenidos de las transiciones al postextractivismo", em *Ecuador Debate*, pp. 61-79.

_____(2009a). "Diez tesis urgentes sobre el nuevo extractivismo. Contextos y demandas bajo el progresismo sudamericano actual", em SCHULDT, Jürgen; ACOSTA, Alberto; BARANDIARÁN, Alberto; BEBBINGTON, Anthony; FOLCHI, Mauricio; ALAYZA, Alejandra & GUDYNAS, Eduardo. *Extractivismo, política y sociedad*. Quito: CAAP & Claes, pp. 187-225.

_____(2009b). El mandato ecológico. Derechos de la naturaleza y políticas ambientales en la nueva Constitución. Quito: Abya-Yala.

GUDYNAS, Eduardo & ACOSTA, Alberto (2011a). "La renovación de la crítica al desarrollo y el buen vivir como alternativa", em *Utopía y Praxis Latinoamericana*, n. 16, abr.-jun., pp. 71-83.

_____(2011b). "El buen vivir o la disolución de la idea del progreso", em ROJAS, Mariano (org.). *La medición del progreso y del bienestar. Propuestas desde América Latina*. México: Foro Consultivo Científico y Tecnológico de México.

HABERL, Helmut; FISCHER-KOWALSKI, Marina; KRAUSMANN, Fridolin; MARTÍNEZ ALIER, Joan & WINIWARTER, Verena. (2011). "A Socio-metabolic Transition towards Sustainability? Challenges for Another Great Transformation", em *Sustainable Development*, v. 19, n. 1, pp. 1-14.

HARVEY, David (2004). *O novo imperialismo*. São Paulo: Loyola.

HELFRICH, Silke (2012). Commons. Für eine neue Politik jensetis con Markt und Staat. Bielefeld: Transcript Verlag.

HIRSCH, Joachim (1997). "Globalization of capital, nation-states and democracy", em *Studies in Political Economy*, n. 54), pp. 39-58.

HOLLENDER, Rebecca (2015). "Post-Growth in the Global South. The Emergence of Alternatives to Development in Latin America", em *Socialism and Democracy*, v. 29, n. 1, pp. 73-101.

HORNBORG, Alf; MCNEILL, J. R. & MARTÍNEZ ALIER, Joan (orgs.) (2007). *Rethinking Environmental History: World-System History and Global Environmental Change*. Londres: Altamira Press.

HOUTART, François (2013). Ética social de la vida: hacia el bien común de la humanidad. Madri: Iepala.

_____(2011a). *El camino a la Utopía y el bien común de la Humanidad*. Panamá & La Paz: Ruth Casa Editorial.

_____(2011b). "El concepto del Sumak Kawsay (Buen Vivir) y su correspondência con el bien común de la humanidade", em *Ecuador Debate*, n. 84. Quito: CAAP, pp. 57-76.

HOUTART, François & DAIBER, Birgit (orgs.) (2012). *Un paradigma postcapitalista: El bien común de la Humanidad*. Panamá: Ruth Casa Editorial.

HUDIS, Peter (2013). *Marx's Concept of the Alternative to Capitalism*. Chicago: Haymarket Books.

ILLICH, Ivan (2015). *Obras Reunidas*. México: Fondo de Cultura Económica.

_____(1973). *Sociedade sem escolas*. São Paulo: Vozes.

_____(1975). Némesis médica: la expropiación de la salud. Barcelona: Barral.

_____(1974). *Energía y equidad*. Barcelona: Barral.

_____(1973). *La convivencialidad*. Barcelona: Barral.

JACKSON, Tim (2009). Prosperity Without Growth. Economics for a Finite Planet. Londres: Earthscan.

JÄGER, Johannes; LEUBOLT, Bernhard & SCHMIDT, Lukas (2014). "Alles Extraktivismus in Südamerika?", em *Journal für Entwicklungspolitik*, v. 30, n. 3, pp. 9-26.

JASANOFF, Sheila (org.) (2004). States of Knowledge. The Coproduction of Science and Social Order. Londres: Routledge.

JENSS, Alke & PIMMER, Stefan (orgs.) (2014). *Der Staat in Lateinamerika. Kolonialität, Gewalt, Transformation*. Münster: Westfälisches Dampfboot.

JESSOP, Bob (2007). State Power: A Strategic-Relational Approach. Cambridge: Polity.

JORGENSON, Andrew A. & RICE, James (2005). "Structural Dynamics of International Trade and Material Consumption: A Cross-National Study of the Ecological Footprints of Less-Developed Countries", em *Journal of World-Systems Research*, v. 11, n. 1, pp. 57-77.

KALLIS, Giorgios (2011). "In Defense of Degrowth", em *Ecological Economics*, v. 70, n. 5, pp. 873-80.

_____ (2011). "La teoría clásica del imperialismo", em *La Haine*. Disponível em <http://www.lahaine.org/b2-img11/katz_teoria1.pdf>.

KALLIS, Giorgos & MARCH, Hug (2015). "Imaginaries of Hope: the dialectical utopianism of degrowth", em *Annals of the Association of the American Geographers*, v. 105, n. 2, pp. 360-8.

KAUFMANN, Stefan & MÜLLER, Tadzio. (2009). Grüner Kapitalismus. Krise, Klimawandel und kein Ende des Wachstums. Berlim: Dietz.

KERSCHNER, Christian (2010). "Economic de-growth vs. steady-state economy", em *Journal of Cleaner Production*, v. 18, n. 6, pp. 544-51.

KEYNES, John Maynard (1930). "Economic Possibilities for our Grandchildren", em *Essays in Persuasion*. Nova York: W. W. Norton & Co. Disponível em <www.econ.yale.edu/smith/econ116a/keynes1.pdf>.

KILL, Jutta. (2015). *Financialization of Nature. Creating a New Definition of Nature*. Amsterdam: Friends of the Earth International.

KLEIN, Dieter (2013). Das Morgen tanzt im Heute. Transformation im Kapitalismus und über ihn hinaus. Hamburgo: VSA.

KLEINHÜCKELKOTTEN, Silke (2012). "Suffizienz oder die Frage nach dem guten Leben", em *Wirschaft ohne Wachstum?!. Notwendigkeit und Ansätze einer Wachstumswende*. Freiburg: Universität Freiburg.

KOCH, Max (2012). *Capitalism and Climate Change*. Londres: Palgrave & MacMillan.

KONECNY, Martin (2012). "Die Herausbildung einer neuen Economic Governance als Strategie zur autoritären Krisenbearbeitung in Europa.

Ge2or sellschaftliche Akteure und ihre Strategien", em *Prokla*, n. 3, pp. 377-94.

KOTHARI, Ashish (2014a). "Radical Ecological Democracy: A Path for India and Beyond", em *Development*, v. 57, n. 1, pp. 36-45.

_____ (2014b). "Degrowth and Radical Ecological Democracy: A View from the South", em Degrowth, 27 jun. Disponível em <https://www.degrowth.info/en/2014/06/degrowth-and-radical-ecological-democracy-a-view-from-the-south/>.

KOTHARI, Ashish; DEMARIA, Federico & ACOSTA, Alberto (2015). "Buen Vivir, Degrowth and Ecological Swaraj: Alternatives to Sustainable Development and the Green Economy", em *Development*, v. 57, n. 3/4, pp. 362-75.

KUMAR, Deepa (2014). "Imperialist feminism and liberalism", em *Open Democracy*, 6 nov. Disponível em <https://www.opendemocracy.net/deepa-kumar/imperialist-feminism-and-liberalism>.

LANDER, Edgardo (2012). "The State in the Current Processes of Change in Latin America: Complementary and Conflicting Transformation Projects in Heterogeneous Societies", em *Journal für Entwicklungspolitik*, v. 28, n. 3, pp. 74-94.

_____ (2011). *The Green Economy: The Wolf in Sheep's Clothing*. Transnational Institute. Disponível em <https://www.tni.org/files/download/green-economy.pdf>.

LANDER, Edgardo; ARZE, Carlos; GÓMEZ, Javier; OSPINA, Pablo & ÁLVAREZ, Víctor (2013). *Promesas en su laberinto. Cambios y continuidades en los gobiernos progresistas de América Latina*. Quito, La Paz & Caracas: IEE, CEDLA & CIM.

LANG, Miriam & BRAND, Ulrich (2015). "Dimensiones de la transformación social y el rol de las instituciones", em LANG, Miriam; CEVALLOS, Belén & LÓPEZ, Claudia (orgs.). ¿Cómo trasformar? Instituciones y cambio *social en América Latina y Europa*. Quito: Abya Yala & Fundação Rosa Luxemburgo, pp. 7-32.

LANG, Miriam; CEVALLOS, Belén & LÓPEZ, Claudia (orgs.). ¿Cómo trasformar? Instituciones y cambio social en América Latina y Europa. Quito: Abya Yala & Fundação Rosa Luxemburgo.

LANG, Miriam & MOKRANI, Dunia (orgs.) (2013). *Más allá del desarrollo.* Quito: Abya Yala & Fundação Rosa Luxemburgo.

LARREA, Carlos (2009). *Yasuní-itt: Una Iniciativa para cambiar la historia.* Quito: Ministerio de Relaciones Exteriores & Ministerio del Ambiente.

LATOUCHE, Serge (2010). "Degrowth", em *Journal of Cleaner Production*, v. 18, n. 6, pp. 519-22.

_____(2008). La apuesta por el decrecimiento. ¿Cómo salir del imaginario dominante? Barcelona: Icaria.

LATOUR, Bruno (2007). Nunca fuimos modernos. Ensayo de antropología simétrica. Buenos Aires: Siglo XXI.

LEFF, Enrique (2010). "Imaginarios sociales y sustentabilidad", em *Cultura y representaciones sociales*, v. 5, n. 9. México: Unam.

_____(2008). "Decrecimiento o deconstrucción de la economía", em *Peripecias*, ed. 117, 8 out.

_____(2004). Racionalidad Ambiental, La reapropiación social de la naturaleza. México: Siglo XXI.

_____(1994). Ecología y capital: racionalidad ambiental, democracia participativa y desarrollo sustentable. México: Siglo XXI.

LEIBENSTEIN, Harvey (1950). "Bandwagon, Snob, and Veblen Effects in the Theory of Consumer's Demand", em *Quarterly Journal of Economics*, 62, pp. 183-207.

LEIMBACHER, Jörg (2008). "Auf dem Weg zu Rechte del Natur. Stan der Dinge und mögliche nächste Schritte". Berna, 22 nov. No prelo.

_____(1988). *Die Rechte der Natur.* Basileia & Frankfurt.

LESSENICH, Stephan (2014). "Akteurszwang und Systemwissen. Das Elend der Wachstumsgesellschaft". Working Paper der DFG-KollegforscherInnengruppe Postwachstumsgesellschaften, n. 3.

_____(2011). "Constructing the Socialized Self. Mobilization and Control in the 'Active Society'", em BRÖCKLING, Ullrich; KRASMANN, Susanne & LEMKE, Thomas (orgs.). *Governmentality. Current Issues and Future Challenges.* Nova York & Londres: Routledge, pp. 304-19.

LOHMAN, Larry (2012). Mercados de carbono. La neoliberalización del clima. Quito: Abya Yala.

LORENZ, Stephan (2014). Mehr oder weniger? Zur Soziologie ökologischer Wachstumskritik und nachhaltiger Entwicklung. Bielefeld: Transcript.

LUXEMBURGO, Rosa (1951). *The Accumulation of Capital*. Londres: Routledge.

MACHADO ARÁOZ, Horacio (2016). "O debate sobre o 'extrativismo' em tempos de ressaca: a Natureza americana e a ordem colonial", em DILGER, Gerhard; PEREIRA FILHO, Jorge & LANG, Miriam. *Descolonizar o imaginário: debates sobre pós-extrativismo e alternativas ao desenvolvimento*. São Paulo: Elefante, Autonomia Literária & Fundação Rosa Luxemburgo, pp. 445-68. Disponível em <http://rosaluxspba.org/wp-content/uploads/2016/08/Descolonizar_o_Imaginario_web.pdf>.

_____(2015). "Ecología política del extractivismo". Clase n. 10. Curso Ecología Política Latinoamericana. Campus Clacso, Buenos Aires. No prelo.

_____(2014). Potosí, el origen. Genealogía de la minería contemporánea. Buenos Aires: Mardulce.

MACHADO, Decio & ZIBECHI, Raúl (2016). *Cambiar el mundo desde arriba. Los límites del progresismo*. Bogotá: Desde abajo.

MAHNKOPF, Birgit (2013). "Peak Everything–Peak Capitalism? Folgen der sozial-ökologischen Krise für die Dynamik des historischen Kapitalismus". Working Paper der DFG-KollegforscherInnengruppe Postwachstumsgesellschaften.

_____(2012). "Kapitalismuskritik als Wachstumskritik", em DÖRRE, Klaus; SAUER, Dieter & WITTKE, Volker (orgs.). *Kapitalismustheorie und Arbeit*. Frankfurt: Campus, pp. 389-408.

MANN, Geoffrey (2009). "Should Political Ecology be Marxist? A Case for Gramsci's Historical Materialism", em *Geoforum*, v. 40, n. 3, pp. 335-44.

MARKANTONATOU, Maria (2013). "From the Limits to Growth to 'Degrowth': Discourses of Critique of Growth in the Crises of the 1970s and 2008". Working Paper der DFG--KollegforscherInnengruppe Postwachstumsgesellschaften.

MARINI, Ruy Mauro (1978). "Razones del neo-desarrollismo", em *Revista Mexicana de Sociología*, 55.

_____(1973). *Dialéctica de la dependencia*. México: ERA.

MARTIN, Pamela (2011). Oil in the Soil: The Politics of Paying to Preserve the Amazon. Maryland: Rowman & Littlefield.

martínez, Alexandra; rativa, Sandra; cevallos, Belén & mokrani, Dunia (2015). "El estado como instrumento, el estado como impedimento. Aportes al debate sobre la transformación social", em lang, Miriam; cevallos, Belén & lópez, Claudia (orgs.). *¿Cómo trasformar? Instituciones y cambio social en América Latina y Europa*. Quito: Abya Yala & Fundação Rosa Luxemburgo, pp. 35-75.

MARTÍNEZ ALIER, Joan (2008). "Decrecimiento sostenible", em *Revista Ecología Política*, 35, pp. 51-8.

_____(2007). "Ecuador: La moratoria petrolera en el Parque Nacional Yasuní", em cedla, 27 jun. Disponível em <http://www.biodiversidadla.org/Menu_Derecha/Prensa/Ecuador_la_moratoria_petrolera_en_el_Parque_Nacional_Yasuni>.

MARTÍNEZ ALIER, Joan; UNAI, Pascual; FRANCK-DOMINIQUE, Vivien & ZACCAI, Edwin (2010). "Sustainable De-Growth", em *Ecological Economics*, v. 69, n. 9, pp. 1741-7.

MARTÍNEZ ALIER, Joan & WALTER, Mariana. "Metabolismo social y conflictos extractivos", em de CASTRO, Fabio; HOGENBOOM, Barbara & BOUD, Michiel (orgs.). *Gobernanza ambiental en América Latina*. Buenos Aires: Clacso, pp. 73-104. Disponível em <http://biblioteca.clacso.edu.ar/clacso/se/20150318053457/GobernanzaAmbiental.pdf>.

MARTÍNEZ, Esperanza (2014). *La Naturaleza entre la cultura, la biología y el derecho*. Quito: Instituto de Estudios Ecologistas del Tercer Mundo.

_____(2009). Yasuní. El tortuoso camino de Kyoto a Quito. Quito: CEP & Abya Yala.

MARTÍNEZ, Esperanza & ACOSTA, Alberto (orgs.) (2010). *itt-Yasuní Entre el petróleo y la vida*. Quito: Abya Yala.

MARX, Karl (2011). Grundisse: manuscritos econômicos de 1857–1858: esboços da crítica da economia política. São Paulo: Boitempo.

MARX, Karl (2013). *O capital: crítica da economia política*, Livro I, "O processo de produção do capital". São Paulo: Boitempo.

MARX, Karl & ENGELS, Friedrich (2007). *A ideologia alemã*. São Paulo: Boitempo.

MARTERBAUER, Markus & OBERNDORFER, Lukas (2014). "Die Verselbständigung neoliberaler Wirtschaftspolitik in der EU. Von einem sozial-ökologischen Umbruch, der ansteht, aber nicht eintritt".

MAX-NEEF, Manfred; ELIZALDE, Antonio & HOPENHAYN, Martín (1986). "Desarrollo a escala humana: una opción para el futuro", em *Development Dialogue*. Cepaur, Fundacion Dag Hammarskjold.

MELLA, Pablo (2015). Ética del posdesarrollo. Santo Domingo: Instituto Filosófico Pedro F. Bonó.

MELLOR, Mary (1993). Breaking the Boundaries: Towards a Feminist Green Socialism. Londres: Virago.

MESCHKAT, Klaus (2015). "Los gobiernos progresistas y las consecuencias políticas del neoextractivismo", em LANG, Miriam; CEVALLOS, Belén & LÓPEZ, Claudia (orgs.). ¿Cómo trasformar? Instituciones y cambio social en América Latina y Europa. Quito: Abya Yala & Fundação Rosa Luxemburgo, pp. 77-89.

MEZZADRA, Sandro & SZTULWARK, Diego (2015). "Political Anatomy of the South American Conjuncture: Images of Development and New Social Conflict in the Present Period", em *Viewpoint*. Disponível em <https://viewpointmag.com/2015/08/06/political-anatomy-of-the-south-american-conjuncture-images-of-development-and-new-social-conflict-in-the-present-period/>.

MILL, John Stuart (1996). *Princípios de economia política*, vol. II. São Paulo: Nova Cultural.

MYRDAL, Gunnar (1959). *La teoría económica y los países subdesarrollados*. México: Fondo de Cultura Económica.

MODONESI, Massimo (2016). "The End of Progressive Hegemony and the Regressive Turn in Latin America: The End of a Cycle?", em *Viewpoint*. Disponível em <https://www.viewpointmag.com/2015/12/21/the-end-of-progressive-hegemony-and-the-regressive-turn-in-latin-america-the-end-of-a-cycle/>.

MORENO, Camila (2015). *Brasil made in China: para pensar as reconfigurações do capitalismo contemporâneo*. São Paulo: Fundação Rosa Luxemburgo.

_____(2014). "Des-desarrollo como antesala para el buen vivir: repensar la civilización del occidente", em ENDARA, Gustavo (org.). *Post-crecimiento y Buen Vivir*. Quito: Friedrich-Ebert Stiftung, pp. 257-74.

_____(2013). "As roupas verdes do rei: economia verde, uma nova forma de acumulação primitiva", em DILGER, Gerhard; PEREIRA FILHO, Jorge & LANG, Miriam. *Descolonizar o imaginário: debates sobre pós-extrativismo e alternativas ao desenvolvimento*. São Paulo: Elefante, Autonomia Literária & Fundação Rosa Luxemburgo, pp. 256-95. Disponível em <http://rosaluxspba.org/wp-content/uploads/2016/08/Descolonizar_o_Imaginario_web.pdf>.

MORENO, Camila; SPEICH, Daniel & FUHR, Lili (2015). *Carbon metrics. Global abstractions and ecological epistemicide*. Berlim: Fundação Heinrich Böll.

MÜLLER, Christa & PAECH, Niko (2012). "Suffizienz und Subsistenz", em *Wirschaft ohne Wachstum?! Notwendigkeit und Ansätze einer Wachstumswende*. Freiburg: Institut für Forstökonomie, Universität Freiburg.

MURACA, Barbara (2014). Gut leben. Eine Gesellschaft jenseits des Wachstums. Berlim: Wagenbach.

_____(2013). "Décroissance: A Project for a Radical Transformation of Society", em *Environmental Values*, v. 22, n. 2, pp. 147-69.

MURCIA, Diana (2009). "El Sujeto Naturaleza: Elementos para su comprensión", em ACOSTA, Alberto & MARTÍNEZ, Esperanza (orgs.). *La Naturaleza con Derechos. De la filosofía a la política*. Quito: Abya Yala.

NAÇÕES UNIDAS (2015). Convenção-Quadro sobre Mudança Climática.

NAREDO, José Manuel (2009). Luces en el laberinto. Autobiografía intelectual. Madri: Catarata.

NARVAÉZ, Iván (2009). Petróleo y poder: el colapso de un lugar singular Yasuní. Quito: Flacso & GTZ.

NARR, Wolf-Dieter & SCHUBERT, Alexander (1994). *Welökonomie. Die Misere del Politik*. Frankfurt: Suhrkamp.

NEGRI, Toni & HARDT, Michael (2005). *Império*. Rio de Janeiro: Record.

OBERNDORFER, Lukas (2015). "From New Constitutionalism to Authoritarian Constitutionalism: New Economic Governance And the State of European Democracy", em JÄGER, Johannes & SPRINGLER, Elisabeth (orgs.). *Asymmetric Crisis in Europe and Possible Futures*.

Critical Political Economy and Post-Keynesian Perspectives. Londres: Routledge, pp. 25-54.

OVIEDO FREIRE, Atawallpa (2011). Qué es el sumakawsay. Más allá del socialismo y capitalismo. Quito: Sumak.

OXFAM (2016). "Una economía al servicio del 1%. Acabar con los privilegios y la concentración de poder para frenar la desigualdad extrema". Disponível em <https://www.oxfam.org/sites/www.oxfam.org/files/file_attachments/bp210-economy-one-percent--tax-havens-180116-es_0.pdf>.

PAECH, Björn & PAECH, Niko (2012). "Suffizienz plus Subssistenz ergibt ökonomische Souveranität", em *Wirschaft ohne Wachstum?! Notwendigkeit und Ansätze einer Wachstumswende*. Freiburg: Institut für Forstökonomie, Universität Freiburg, pp 270-2.

PAECH, Niko (2014). "Postwachstumsökonomie als Abkehr von der organisierten Verantwortungslosigkeit des Industriesystems", em PFALLER, Robert & KUFELD, Klaus (orgs.). *Arkadien oder Dschungelcamp. Leben im Einklang oder Kampf mit der Natur*. Freiburg & Munique: Karl Alber, pp. 217-47.

_____(2012). *Befreiung vom Überfluss*. Munique: Oekom.

PANITCH, Leo & GINDIN, Sam (2012). The Making of Global Capitalism. The Political Economy of American Empire. Londres: Verso.

PATEL, Raj (2009). The Value of Nothing. How to Reshape Market Society and Redefine Democracy. Nova York: Picador.

PEET, Richard & Robbins, Paul & WATTS, Micheal (orgs.) (2011). *Global Political Ecology*. Londres & Nova York: Routledge.

PELUSO, Nancy Lee & LUND, Christian (2011). "New Frontiers of Land Control", em *Journal of Peasant Studies*, 38, pp. 667-81.

PÉREZ, Carlota (2010). "Revoluciones tecnológicas y paradigmas tecno--económicos", em *Cambridge Journal of Economics*. Disponível em <http://www.carlotaperez.org/pubs?s=tf&l=es&a=techrevolutionstechnoeconomicpardigms>.

PÉREZ SÁINZ, Juan Pablo (2014). "El tercer momento rousseauniano de América Latina. Posneoliberalismo y desigualdades sociales". Working Paper n. 72. Berlim: DesiguALdades.net.

PERREAULT, Tom; MCCARTHY, James & BRIDGE, Gavin (orgs.) (2015). *The Routledge Handbook of Political Ecology*. Londres: Routledge.

PETERS, Stefan (2014). "Post-crecimiento y buen vivir: ¿Discursos políticos alternativos o alternativas políticas?", em ENDARA, Gustavo (org.). *Post-crecimiento y Buen Vivir*. Quito: Friedrich-Ebert Stiftung, pp. 125-64.

PICCHIO, Antonella (2015). "Feminist Economics", em D'ALISA, Giacomo; DEMARIA, Federico & KALLIS, Giorgios. *Degrowth: A Vocabulary for a New Era*. Londres: Routledge.

PICHLER, Melanie (2015). "Legal Dispossession: State Strategies and Selectivities in the Expansion of Indonesian Palm Oil and Agrofuel Production", em *Development and Change*, v. 46, n. 3, pp. 508-33.

PIKETTY, Thomas (2014). *O capital no século XXI*. São Paulo: Intrínseca.

POLANYI, Karl (2004). La gran transformación. Los orígenes políticos y económicos de nuestro tiempo. Cidade do México: Fondo de Cultura Económica.

POULANTZAS, Nicos (1979). *Estado, poder y socialismo*. Madri: Siglo XXI.

PRADA ALCOREZA, Raúl (2015). "El conservadurismo de los gobiernos progresistas". Disponível em <https://pradaraul.wordpress.com/2015/09/30/el-conservadurismo-de-los-gobiernos-progresistas/>.

_____ (2014). "Cartografías histórico-políticas. Extractivismo, dependencia y colonialidad", em *Dinámicas moleculares*. La Paz. Disponível em <http://dinamicas-moleculares.webnode.es/news/cartografias-historico-politicas/>.

_____ (2013). "Horizontes de la descolonización. Ensayo histórico y político sobre la transición", em *Dinámicas moleculares*. Disponível em <http://dinamicas-moleculares.webnode.es/>.

_____ (2012). "Horizontes pluralistas de la descolonización. Ensayo histórico y político sobre la relación de la crisis y el cambio". No prelo.

_____ (2010). "Umbrales y horizontes de la descolonización", em *El Estado. Campo de Lucha*. La Paz: Clacso, Muela del Diablo & Comuna.

_____ (2008). *Subversiones indígenas*. La Paz: Clacso, Muela del Diablo & Comuna.

PREBISCH, Raúl (1950). The Economic Developmet of Latin America and its Principal Problems. Nova York: Nações Unidas.

QUIJANO, Aníbal (2014). De la dependencia histórico-estructural a la cololianidad/descolonialidad del poder. Buenos Aires: Clacso.

_____(2009). "Des/colonialidad del poder. El horizonte alternativo", em ACOSTA, Alberto & MARTÍNEZ, Esperanza (orgs.). *Plurinacionalidad. Democracia en la diversidad*. Quito: Abya Yala, pp. 107-14.

RADHUBER, Isabella (2014). Recursos naturales y finanzas públicas. La base material del Estado plurinacional de Bolivia. La Paz: Plural.

RÄTHZEL, Nora & UZZELL, David (2011). "Trade unions and climate change: The jobs versus environment dilema", em *Global Environmental Change*, 21, pp. 1215-23.

REUTER, Norbert (2014). "Die Degrowth-Bewegung und die Gewerkschaften", em *wsi-Mitteilungen*, pp. 555-9.

RIFKIN, Jeremy (2014). *La sociedad de coste marginal cero*. Buenos Aires: Paidós.

_____(2011). *La Tercera Revolución Industrial*. Barcelona: Paidós.

_____(2002). *La economía del hidrógeno*. Buenos Aires: Paidós.

ROA ABENDAÑO, Tatiana & NAVAS, Luisa María (2014). *Extractivismo. Conflictos y resistencias*. Bogotá: Censat & Agua Viva Escuela de Sustentabilidad.

ROBBINS, Paul (2008). "The state in political ecology. A postcard to political geography from the field", em *The Sage handbook of political geography*. Londres: Sage, pp. 205-18.

ROBERTS, J. Timmons (2009). "Ecologically Unequal Exchange, Ecological Debt, and Climate Justice. The History and Implications of Three Related Ideas for a New Social Movement", em *International Journal of Comparative Sociology*, v. 50, n. 3-4, pp. 385-409.

ROCKSTRÖM, Johan (2009). "A safe operating space for humanity", em *Nature*, n. 461, pp. 472-75.

RODRÍGUEZ-LABAJOS, Beatriz *et al.* (2015). "Environmental Justice in the South and Degrowth. Are there really bases for an alliance?", em Ejolt. Disponível em <http://www.ejolt.org/2015/02/alliance-environmental-justice-degrowth/>.

ROEGEN, Nicholas Gergesku (1971). *The Entropy Law and the Economic Process*. Cambridge: Harvard University Press.

ROGELJ, Joeri; MCCOLLUM, David; NEILL, Brian & KEYWAN Riahi (2015). "Energy system transformations for limiting end-of-century warming to below 1.5 °C", em *Nature Climate Change*, 5, pp. 519-27.

ROSA, Hartmut (2016). Alienación y aceleración. Hacia una teoría crítica de la temporalidad en la modernidad tardía. Buenos Aires: Katz.

_____ (2012). "Cuanto más rápido vivimos, menos tiempo tenemos", em *El Confidencial*. Disponível em <http://www.elconfidencial.com/alma-corazon-vida/2012-03-17/cuanto-mas-rapido-vivimos-menos-tiem po-tenemos_501839/>.

_____ (2010). Alienation and Acceleration. Towards a Critical Theory of Late-Modern Temporality. Malmö & Arhus: NSU.

SACHER, William (2016). La ofensiva megaminera china en el Ecuador. No prelo.

SACHER, William & ACOSTA, Alberto (2012). La minería a gran escala en el Ecuador. Análisis y datos estadísticos sobre la minería industrial. Quito: Fundação Rosa Luxemburgo & Abya Yala.

SACHS, Wolfgang (org.) (1996). Diccionario del desarrollo. Una guía del conocimiento como poder. Lima: Pratec.

SALLEH, Ariel (2013). "The Idea of Earth System Governance. Unifying tool? Or hegemony for a new capitalist Landnahme?". Working Paper der DFG-KollegforscherInnengruppe Postwachstumsgesellschaften.

_____ (2012). "Rio+20 and the extractivist green economy", em *Arena*, 119, pp. 28-30.

_____ (2009). *Eco-sufficiency and Global Justice*. Sydney: Spinifex Press.

SANTOS, Boaventura de Souza (2010). *Refundación del Estado en América latina. Perspectivas desde una epistemología del Sur*. Lima: Instituto Internacional de Derecho y Sociedad & Programa Democracia y Transformación Global.

_____ (2009a). "Las paradojas de nuestro tiempo y la Plurinacionalidad", em ACOSTA, Alberto & MARTÍNEZ, Esperanza (orgs.). *Plurinacionalidad. Democracia en la diversidad*. Quito: Abya Yala.

_____ (2014). *Epistemologias do Sul*. São Paulo: Vozes.

_____(2008). *Conocer del Sur. Para una cultura política emancipadora.* La Paz: Clacso & Cides-UMSA.

SAPHIR, Jacques (2004). *Economistas contra la democracia.* Barcelona: Ediciones B.

SAUER, Birgit & WÖHL, Stefanie (2011). "Feminist Perspectives on the Internationalization of the State", em *Antipode*, v. 43, n. 1, pp. 108-28.

SCHAFFARTZIK, Anke; MAYER, Andreas; GINGRICH, Simone; EISENMENGER, Nina; LOY, Christian & KRAUSMANN, Fridolin (2014). "The global metabolic transition: Regional patterns and trends of global material flows, 1950–2010", em *Global Environmental Change*, 26, pp. 87-97.

SCHEER, Hermann (2005). Energieautonomie. Eine neue Politik für erneuebare Energien. Munique: Verlag Anjte Kunstmann.

_____(1999). *Solare Wirtschaft.* Munique: Verlag Anjte Kunstmann.

SCHMELZER, Matthias & PASSADAKIS, Alexis (2011). *Postwachstum. Krise, ökologische Grenzen und soziale Rechte.* Hamburgo: VSA.

SCHNEIDER, Francois; KALLIS, Giorgos & MARTÍNEZ ALIER, Joan (2010). "Crisis or Opportunity? Economic Degrowth for Social Equity and Ecological Sustainability", em *Journal of Cleaner Production*, v. 18, n. 6, pp. 511-18.

SCHOR, Juliet B. (2010). *Plenitud. The New Economics of True Wealth.* Nova York: Penguin.

SCHULDT, Jürgen (2013). *Civilización del desperdicio. Psicoeconomía del consumidor.* Lima: Universidad del Pacífico.

_____(2012). *Desarrollo a escala humana y de la naturaleza.* Lima: Universidad del Pacífico.

_____(2005). ¿Somos pobres porque somos ricos? Recursos naturales, tecnología y globalización. Lima: Fondo Editorial del Congreso del Perú.

_____(1994). Enfermedad holandesa y otros virus de la economía peruana. Lima: Universidad del Pacífico.

SCHULDT, Jürgen & ACOSTA, Alberto (2017). "Hacia una 'moneda electrónica paralela' para afrontar la crisis, ¿por qué y cómo hacerlo?", em *Revista Economía*, 108. Quito: Universidad Central del Ecuador.

SERNAGEOMIN (2014). Anuario de la minería de Chile. Santiago de Chile.

SHRIVASTAVA, Aseem & KOTHARI, Ashish (2012). *Churning the Earth: The Making of Global India*. Delhi: Viking/Penguin.

SILVA, Verónica (2016). "The Return of the State, New Social Actors, and Post-Neoliberalism in Ecuador", em *Latin American Perspectives*, v. 43, n. 1.

SINGER, Hans W. (1950). "Gains and Losses from Trade and Investment in Under- Developed Countries", em *American Economic Review*, 40, pp. 473-85.

SMITH, Philip & MAX-NEEF, Manfred (2011). Economics Unmasked. From power and greed to compassion and the common good. Londres: Green Books.

SPASH, Clive L. (org.) (2016). Routledge Handbook of Ecological Economics. Nature and Society. Londres: Roudledge.

_____(2012). "New foundations for ecological economic", em *Ecological Economics*, 77, pp. 36-47.

SPRINGER, Simon (2014). "Postneoliberalism?", em *Review of Radical Political Economics*, v. 47, n. 1, pp. 5-17.

STENGEL, Oliver (2012). "Suffizienz. Die Konsumgesellschaft in der ökologischen Krise", em *Wirtschaft ohne Wachstum?!*. Freiburg: Institut für Forstökonomie, Universität Freiburg, pp. 285-97.

STIGLITZ, Joseph (2008). "Capitalistas estúpidos", em *Rebelión*. Disponível em <http://www.rebelion.org/noticia.php?id=77481>.

STONE, Christopher (1996). Should Trees Have Standing? And Other Essays on Law, Morals and the Environment. Nova York: Oceana Publications.

STUTZIN, Godofredo (1984). "Un imperativo ecológico Reconocer los Derechos a la Naturaleza".

STÜTZLE, Ingo (2013). Austerität als politisches Projekt. Von der monetären Integration Europas zur Eurokrise. Münster: Westfälisches Dampfboot.

SUM, Ngai-Ling & JESSOP, Bob (2013). Towards a Cultural Political Economy: Bringing Culture Back into Economics. Cheltenham: Edward Elgar.

SVAMPA, Maristella (2016). Debates latinoamericanos. Indianismo, desarrollo, dependencia, populismo. Buenos Aires: Edhasa.

_____(2015). "Commodities Consensus: Neoextractivism and Enclosure of the Commons in Latin America", em *The South Atlantic Quarterly*, v. 114, n. 1, pp. 65-82. Durham: Duke University Press, 2015. Disponível em <https://doi.org/10.1215/00382876-2831290>.

_____(2012). "Resource Extractivism and Alternatives: Latin American Perspectives on Development", em *Journal für Entwicklungspolitik*, 28, pp. 43-73.

SVAMPA, Maristella & ANTONELLI, Mirta A. (2009). *Minería transnacional, narrativas del desarrollo y resistencias sociales*. Buenos Aires: Biblos Sociedad.

SWEENEY, Sean (2014). Climate Change and the Great Inaction. New Trade Union Perspectives. Trade Unions for Energy Democracy (TUED). Fundação Rosa Luxemburgo & Cornell University.

TANURO, Daniel (2013). *Green Capitalism. Why it can't work*. Londres: Merlin Press.

TAPIA MEALLA, Luis (2011). *El estado de derecho como tiranía*. La Paz: Cides & Umsa.

_____(2010). "El estado en condiciones de abigarramiento", em LINERA, Álvaro García; PRADA ALCOREZA, Raúl; TAPIA, Luis; VEGA CAMACHO, Oscar (orgs.). *El Estado. Campo de lucha*. La Paz: Clacso, pp. 97-127.

THIE, Hans (2014). "Im Club der Visionäre", em *Der Freitag*, 4 set.

_____(2013). Rotes Grün. Pioniere und Prinzipien einer ökologischen Gesellschaft. Hamburgo: VSA.

THWAITES REY, Mabel (2007). *Estado y marxismo. Un siglo y medio de debates*. Buenos Aires: Prometeo.

TORO PÉREZ, Catalina; MORALES, Julio Fierro; DELGADO, Sergio Coronado & ROA AVENDAÑO, Tatiana (orgs.) (2012). *Minería, territorio y conflicto en Colombia*. Bogotá: Universidad Nacional de Colombia.

TORTOSA, José María (2011). Maldesarrollo y mal vivir. Pobreza y violencia escala mundial. Quito: Abya Yala.

TRICARICO, Antonio (2012). "The coming financial enclosure of the commons", em BOLLIER, David & HELFRICH, Silke (orgs.). *The*

Wealth of the Commons. A World Beyond State and Market. Amherst: Levellers Press.

UNCETA, Koldo (2014). "Post-crecimiento y desmercantilización: propuestas para el buenvivir", em ENDARA, Gustavo (org.). *Post-crecimiento y Buen Vivir*. Quito: Friedrich-Ebert Stiftung, pp. 61-94.

_____(2009). "Desarrollo, Subdesarrollo, maldesarrollo y postdesarrollo. Una mirada Transdisciplinar sobre el debate y sus implicaciones", em *Carta Latinoamericana, Contribuciones en Desarrollo y Sociedad en América Latina*, 7. Montevideo: Claes, pp. 1-34.

VALLEJO, María Cristina; SAMANIEGO, Pablo & MARTÍNEZ ALIER, Joan (2015). "Déficits comerciales y déficits físicos en Sudamérica", em Ágora. Disponível em <http://www.flacsoandes.edu.ec/agora/deficits-comerciales-y-deficits-fisicos-en-sudamerica>.

VÁRIOS AUTORES (2015). Biopiratería. Biodiversidad y conocimientos ancestrales en la mira del capital. Quito: Abya Yala.

VEBLEN, Thorstein (1963). Teoría de la clase ociosa. México & Buenos Aires: Fondo de Cultura Económica.

VEGA CAMACHO, Óscar (2012). "Paths for Good Living: The Bolivian Constitutional Process", em *Journal für Entwicklungspolitik*, 28, pp. 95-117.

VEGA UGALDE, Silvia (2014). "Sumak kawsay, feminismos y post-crecimiento: articulaciones para imaginar utopias", em ENDARA, Gustavo (org.). *Post-crecimiento y Buen Vivir*. Quito: Friedrich-Ebert Stiftung, pp. 355-74.

VELTMEYER, Henry (2013). "The Political Economy of Natural Resource Extraction: A New Model or Extractiverialism?", em *Canadian Journal of Development Studies*, v. 34, n. 1, pp. 79-95.

VILLALBA, Unai (2013). "Buen Vivir vs Development: A Paradigm Shift in the Andes?", em *Third World Quarterly*, v. 34, n. 8, pp. 1427-42.

VOGEL, Henry Joseph (2010). The Economics of the Yasuní Initiative. Climate Change as if Thermodynamics Mattered. Nova York: Anthem Press.

VON WINTERFELD, Uta (2006). Naturpatriarchen. Geburt und Dilemma der Naturbeherrschung bei geistigen Vätern der Neuzeit. Munique: Oekom.

WALLIS, Victor (2010). "Beyond 'Green Capitalism'", em *Monthly Review*, v. 61, n. 9.

WBGU (2011). World in Transition. A Social Contract for Sustainability. Berlim: WBGU.

WEBBER, Jeffrey R. (2010). "Latin American Neostructuralism: The Contradictions of Post-Neoliberal Development", em *Historical Materialism*, v. 18, n. 3, pp. 208-29.

WELZER, Harald (2011). Mental Infrastructures. How Growth Entered the World and Our Souls. Berlim: Fundação Heinrich Böll.

WELZER, Harald & SOMMER, Bernd (2014). Transformationsdesign. Wege in eine zukunftsfähige Moderne. Munique: Oekom.

WHITEHEAD, Mark; JONES, Rhys & JONES, Martin (2007). *The nature of the state. Excavating the political ecologies of the modern state*. Oxford: University Press.

WILKINSON, Richard & PICKETT, Kate (2009). *Desigualdad. Un análisis de la (in)felicidad colectiva*. Madri: Turner Publications.

WILLIAMSON, John (1990). "What Washington Means by Policy Reform", em WILLIAMSON, John (org.). *Latin American Adjustment: How much has Happened?*. Washington: Institute for International Economics, pp. 7-20.

WINTERFELD, Uta von (2006). Naturpatriarchen. Geburt und Dilemma der Naturbeherrschung bei geistigen Vätern der Neuzeit. Munique: Oekom.

WISSEN, Markus (2011). Gesellschaftliche Naturverhältnisse in der Internationalisierung des Staates. Münster: Westfälisches Dampfboot.

YATES, Julian S. & BAKKER, Karen (2014). "Debating the 'Post-neoliberal Turn' in Latin America Progress", em *Human Geography*, 38, pp. 62-90.

ZAFFARONI, Raúl Eugenio (2011). "La Pachamama y el humano", em ACOSTA, Alberto & MARTÍNEZ, Esperanza (orgs.). *La Naturaleza con derechos. De la filosofía a la política*. Quito: Abya Yala.

ZAVALETA, René (2009). "Problemas de la determinación dependiente y la forma primordial", em TAPIA, Luis & ZAVALETA MERCADO, René (orgs.). *La autodeterminación de las masas*. Bogotá: Siglo del Hombre & Clacso, pp. 291-320.

ZELIK, Raul & TAUSS, Aaron (orgs.) (2013). Andere mögliche Welten? Krise, Linksregierungen, populare Bewegungen. Eine lateinamerikanisch-europäische Debatte. Hamburgo: VSA.

ZIAI, Aram (org.) (2007). Exploring Post-Development. Theory and Practice, Problems and Perspectives. Londres: Routledge.

ZIBECHI, Raúl. (2015). "Crisis de los gobiernos progressistas", em *Contrapunto*, 30 dez.

Alberto Acosta é político e economista. Nasceu em Quito, capital do Equador, em 1948. Participou da fundação do Instituto de Estudios Ecologistas del Tercer Mundo e do partido Alianza País, que levou Rafael Correa ao poder em 2007. Foi ministro de Energia e Minas e presidente da Assembleia Constituinte do Equador. Em 2013, lançou-se como candidato à Presidência da República pela Unidad Plurinacional de las Izquierdas, obtendo escasso apoio popular. É membro do Grupo de Trabalho Permanente sobre Alternativas ao Desenvolvimento da Fundação Rosa Luxemburgo. Publicou os livros *O Bem Viver: uma oportunidade para imaginar outros mundos* (Elefante & Autonomia Literária, 2016) e *Breve história econômica do Equador* (Funag, 2006).

Divulgação

Ulrich Brand é cientista político. Nasceu em Mainau, na Alemanha, em 1967, e atualmente trabalha como professor da Universidade de Viena, na Áustria, tendo passagens por instituições de ensino e pesquisa europeias e latino-americanas. É autor de estudos sobre globalização, hegemonia e ecologia política, e um dos criadores do conceito de "modo de vida imperial". É membro da Fundação Rosa Luxemburgo. Publicou recentemente os livros *Lateinamerikas Linke. Ende des progressiven Zyklus?* [Esquerda latino-americana: fim do ciclo progressista?] (VSA, 2016) e *Post-Neoliberalismus?: Aktuelle Konflikte und gegenhegemoniale Strategien* [Pós-neoliberalismo? Conflitos atuais e estratégias contra-hegemônicas] (VSA, 2011).

Esta publicação foi realizada com o apoio da
Fundação Rosa Luxemburgo com fundos do
Ministério Federal para a Cooperação Econômica
e de Desenvolvimento da Alemanha [BMZ].

www.rosaluxspba.org

**FUNDAÇÃO
ROSA
LUXEMBURGO**

[cc] Alberto Acosta, 2018
[cc] Ulrich Brand, 2018
[cc] Editora Elefante, 2018
[cc] Autonomia Literária, 2018

Você tem a liberdade de compartilhar, copiar,
distribuir e transmitir esta obra, desde que
cite a autoria e não faça uso comercial.

Primeira edição, novembro de 2018
Segunda reimpressão, agosto de 2023
São Paulo, Brasil

Dados Internacionais de Catalogação na Publicação (CIP)
Angélica Ilacqua CRB-8/7057

Acosta, Alberto
Pós-extrativismo e decrescimento : saídas do labirinto
    capitalista / Alberto Acosta, Ulrich Brand. — São Paulo:
    Elefante, 2018.
    224 p.

ISBN 978-85-93115-19-6

1. Política e governo 2. Ciência política 3. Capitalismo
4. Sociedade 5. Economia 6. Crescimento negativo
(Economia) I. Título II. Brand, Ulrich

18-1970   CDD 320

Índices para catálogo sistemático:
1. Política e governo

elefante

editoraelefante.com.br   Aline Tieme [comercial]
contato@editoraelefante.com.br   Samanta Marinho [financeiro]
fb.com/editoraelefante   Sidney Schunck [design]
@editoraelefante   Teresa Cristina [redes]

fontes GT Walsheim & Fournier MT Std
papel Kraft 240 g/m² e Ivory slim 65 g/m²
impressão BMF Gráfica